中島知久平

軍人、
飛行機王、
大臣の
三つの人生を
生きた男

高橋泰隆

日本経済評論社

目次

はじめに

1　企業家

企業家史の研究がさかんである。閉塞した社会をどう切り拓いたらいいか、先人の知恵を借りようという意図が読み取れる(1)。

企業家は経済学でどのように扱われてきたのだろうか。

古典派経済学を集大成したJ・S・ミルは企業家の姿に、「大きな過ちをおそれることなく」「利益を危険にさらしてまでも、通常の軌道を逸脱した行為を実行する」態度を見る。

新古典派創始者にしてケンブリッジ学派創設者のマーシャルは「慣行的な軌道を歩む企業家」に対する「パイオニア的な企業家」を論じ、応用技術的開発と漸進的な連続的革新(2)を主張した。

経済学のスタートから経済学者が見る企業家、すなわち資本主義の出発を担当した企業家は、常軌を逸しリスキーであったのだ。

企業家論でジョゼフ・アロイス・シュンペーターは忘れることができない。シュンペーターは一八八三年チェコ領モラビアで生まれた。二九歳のときの『経済発展の理論』（一九一二年刊）の発表により、一躍脚光を浴びた。同書は資本主義経済発展の原動力として「企業家機能」に焦点をあてた。企業家が導入するイノヴェーションが経済発展の原動力である。『景気循環論』（一九三九年）では「イノヴェーションの導入による創造的破壊こそが景気循環を生み出す源泉である」(3)とする。シュンペーターはナチスの迫害を逃れアメリカのハーヴァード大学でケインズ経済学を講義した。一九四八年にハーヴァード大学に「企業者史研究センター」が設立されたのは、シュンペーター理論が大きな影響を及ぼした(4)。同理論は動態的発展の原動力は企業家の機能にあるとする。企業家は以下五つの生産諸要素を新結合するのであり、それをイノヴェーションとよんだ。

① 新しい財貨、新しい品質の財貨の生産
② 新しい生産方法の導入
③ 新しい販路の開拓
④ 原料あるいは半製品の新しい供給源の獲得
⑤ 新しい組織の実現（トラスト形成や独占の打破）

イノヴェーションの担い手が企業家である。企業家はイノヴェーションの遂行者のことであり、一度出来上がった企業を継続的に経営するようになると、企業者という性格を失う。そしてこうした企業者を動機づけるものは次の三点である。[5]

① 「私的王国」や「自己の王朝」を建設しようとする夢想と意志
② 「勝利者意志」、闘争意欲や成功獲得意欲
③ 「創造の喜び」

その反面には創造的破壊がある。独占による経済の停滞がもたらされるから、資本主義の発展は創造的破壊により不断の革新、競争が持ち込まれることにより可能となる、というものだ。この考えは既存の体制、宗教や社会秩序の周辺から「革新」が生まれる「マージナル（周辺）・マン」の仮説にも通じる。[6]

さらに彼は技術と社会組織の変化に注目し、それは経済の均衡に向かうのではなく、循環の軌道の変更や均衡状態の推移を可能にし、経済が発展していくと主張した。すなわちこれは発展の非連続性を強調したものである。彼は「郵便馬車をいくら連続させてもそれは鉄道にはならない」という。この変化を担うのが企業者である。[7]

資本主義が発展すると、小企業に代わり大企業が出現する。A・D・チャンドラーによれば、

二〇世紀は大企業＝ビッグビジネスの成立と経営者支配の時代であった。大規模化した近代的企業は所有と経営が分離する。株式は不特定多数と年金基金のような機関投資家が所有し、彼らは高株価と高配当を経営者に期待する。経営はオーナー経営者から雇用された専門経営者に移行する。専門経営者は経営学大学院（ビジネススクール）で修得した手法により経営を行い、時には莫大な成功報酬を手にする。しかし企業が大規模化するとともにやがて官僚化し、資本主義は活力を失い社会主義化する。(8)

いま日本の社会に求められていることは、「破壊と創造」であろう。われわれが歴史上の人物に焦点をあてるのは、昨今の日本で失われつつある企業家精神を浮上させ再構成しもう一度確認するためである。中島は自分の人生をプラニングし、破壊し再組立した。そのストーリーを書こう。

2　中島知久平に関して

中島知久平に関した著作は少なくない。最初のものは①『中島知久平』（日統社）(9)である。前商工大臣の前田米蔵が「まえがき」に書いた「中島君について」によれば、中島は「真面目な人、意志が強い、勉強家」であり、「政治家としては静かに大局を達観して少しも焦らないから大成する」とみていた。また「同情心があり且つ熱血漢で上州人の典型」と評していた。同じく海軍機関学校の同級生の古市龍雄（海軍少将）は中島が学生時代に高山樗牛に傾倒していたこと、勉強家ではあるが「クソ勉強ではない」し、「あんなに偉い人になるとは思いませんでした」と、中島の人生の異例な展開に驚愕を隠しきれないでいた。本文には「中島から理知的な閃きを取り去ったならば『上州の国定忠治だ』といった人がいる」と書いてある。すでに一九三三年には郷里の有名人である国定忠治に擬せられたのである。

次に②『革新時代の党領　中島知久平を研究す』は政治記者である山北太郎が書いた。軍人時代や飛行機時代は書いてないが近衛内閣鉄道大臣である中島知久平を研究しており、政友会の派閥については詳しい。山北は「中島氏の党内に於ける勢力は油の拡がるやうに伸び、古い政友会の殻を破って新しき内容を盛って行く中心人物は今や正に中島その人が唯一人となった(10)」と、「革新」のリーダーとしての中島政友会総裁待望論である。ここにはじめて中島が「革新派」として位置づけられた。

③永松浅造著『中島知久平健闘録』の扉に徳富蘇峰の「開拓前未踏の地」なる書が掲げてある。徳富蘇峰（一八六三〜一九五七年）は熊本県出身のジャーナリストであり、一九四二年に大日本言論報国会会長になる言論界の大物であるが、戦後は公職追放にあう。徳富は中島の「開拓者魂」を称揚したのである。著者の永松は「彼は、結果において、今日巨万の富をなし、また廟堂の枢位に置かれているが、しかも彼は、絶対にそれを目標として進んで来たものではない。彼は、

いかにすれば、国民の福祉を増進し、国家を富強ならしむるかを、唯一の目標として、血みどろの努力をしてきたのである。その不撓不屈の精神力と、敢て冒険を辞せざる勇猛心と、神の如き叡智とによって、漸進的に今日を成したものである[11]」としている。本書は「彼の健闘の跡を尋ね、その抱懐する理想を究むることは、何人にとっても、最もよき人生行路の示標（ママ）となり、元気の発酵素となり、処世の示範となり、更に転換期日本の意図を理解せしめ、これに処するの道を示唆するものである[12]」ことが出版目的である。中島の努力と実行力を高く評価し、その力が時代に必要な「指導的人物」たるにふさわしい、という。

④伊藤金次郎『軍人わしが国さ　上、下[13]』は中島に関する単行本ではないが、「両毛の巻」で中島を論じている。「彼は時代を息き吹く有力な一話題人」という理由で元軍人の中島をとりあげている。生まれから書いているが、政治家の中島を「理論を述べぬ知久平が、理論を超越して、次の総裁的濃度を逐次増加しつゝある」と寡黙な政友会総裁実現の可能性を書いている。

⑤野依秀市著[14]『正義は遂に勝てり[15]』は「新政友会総裁中島知久平とはドンナ人物か」（二九七～三二三頁）で人物論を書いている。明治四三年海軍機関学校に入り、大正元年に卒業とあるとおり、いい加減である。野依による中島の日中戦争観はA、英国と日本の世界争覇戦であり、B、アジアから英仏ソ勢力を駆逐し日本が盟主となる（三一七頁）というものだ。野依は熱烈な中島支持者であり、支持する理由の一端はこの日中戦争観にあった。以上は戦前の同時代の人物評伝

である。

　戦後は二点ある。⑥渡辺一英『巨人　中島知久平』には二つの序文がある。一つは井上幾太郎（陸軍大将、陸軍飛行機部隊創設責任者）もう一つは著者自身の書いたものである。井上によれば中島、井上、著者の渡辺は大正初めからの知り合いであった。井上は「中島君は、世の常の英傑ではなかった。余は少年の頃から好んで英雄の伝記を読んで来たが、未だ曾つて中島君のように人間としての器の大きい人のことを書いたものを見たことがない。又、余は既に八十路の坂を越しているが、まだ中島君よりも偉いと思われる人物に接したことがない。とにかく、中島君は人物が巨大で、それに卓越した頭脳を持っているのであって、其の高邁なる識見と、先見の明には驚嘆せしめられるものがあるのである。しかも、同君は功名を望まず富貴を希はず、唯一路に国家を愛し、国防を慮るのを一生の志とした人であった[16]」と書いた。近代日本が生んだ巨人である、というきわめて高い人物評価である。

　次に著者自身の序文をみよう。渡辺は航空ジャーナリストであった。「中島先生は……不世出の大偉人だったのである。即ち、航空界随一の大先覚者であり、斯界の大功労者であったばかりでなく、大軍政家であり、大戦術家でもあったし、又大預言者であり、大政治家の素質を持った立派な政治家であった。それに、少年時代から国を愛することを志とし、その志をもって生涯を貫いた至純な愛国者であったのである。しかもそれだけではない、人間としてのスケールがとてつもなく大きかった。蓋し、これが先生の数ある長所の中の長所であって、スケールの大きいことでは、古今にその比倫がないと見られるのである」という。著者の中島評価は絶大である。「大偉人」、「大先覚者」、「大功労者」、「大軍政家」、「大戦術家」、「大預言者」、「大政治家」、「愛国者」と、僅か数行のうちに「大」で形容された人物評価がいくつも存在している。いかに渡辺が中島に私淑していたかがわかろうし、本書の特徴がよくでている。第一に本書は中島知久平と中島飛行機にかんして詳細な事実を明らかにした第一級の作品であることである。ただしそれらの事実がいかなる証拠によるのか全く不明なため、追跡できないという弱点がある。第二に著者が人物論を書く時にその人物にのめりこむ傾向がある。本書は対象者の美化礼賛に努めている。したがって第三に科学的、客観的に考察する必要があろう、ということだ。中島知久平が近衛内閣に入閣し閣僚として近衛らとともに進めた日中戦争である。極東軍事裁判では無罪となったが、一閣僚としてまた政友会リーダーとして中国侵略にどう対応したのかが問われなければならない。「大政治家」であったかどうか、改めて問題にする。

次に戦後のもう一つの作品は⑦毛呂正憲著『偉人　中島知久平秘録』である。本書には中島の先輩友人からいくつもの序文が寄せられている。政治家は木暮武太夫（衆）、野本品吉（参）、酒井盛太（衆、検事総長）、加藤鐐三郎（衆、議長）、松野鶴平（参、議長）、松村謙三（衆）、小笠原三九郎（大臣、社長）、友人は古市龍雄、簡牛凡夫、石坂洋平、妹の中島綾子である。しかも本文の半分は中島知久平が書いた文書やメモである。「秘録」たる所以である。毛呂は「……中島知久平先生を端的に殊更に粉飾せず、その有りの儘を江湖に送り、先生が真に超人的且つ世界的人物たりしことを称揚追慕し、世紀の偉人として永く顕彰せらるる事を希うものである」[17]と本書の意図を書いた。毛呂は早稲田大学在学中から中島事務所に出入りし、のちに講談社に勤務したから、これも関係者の手による伝記であるが、内容では右書を越えていない。

加藤の序文によれば中島はアメリカ大統領クーリッジ（共和党、一九二四〜二八年）を呼ぼうとしたらしい。クーリッジはウオーレン・ハーディング大統領の副大統領であり、ハーディングが急死したため大統領になった人物である。この政権は国際的孤立主義、大企業擁護、個人不干渉の政策を採り、共和党周辺には蜜を求め腐敗が横行した。バブルのアメリカを象徴した大統領である。これは相手の都合で実現しなかった。松野によれば政友会は「鳩山総裁で軍に当る」か、「中島総裁で軍を動かす」かの二派に分かれていた。松野は鳩山派である。この指摘は注意を要する。

中島に関する人物論では寸評というものもある。右の著作とは違いほとんどが短いエッセイであるが、正確につかんでいるところがあるので簡単に紹介しよう。

⑧金権政治家説・野心家説

政治部記者の阿部真之助は「彼の懐に入ってくる利益は、毎日、何万円といふ、彼の一日の所得[18]」をめあてに政友会が中島を担ぎ上げようとしており、「彼が始めて政党入りをすると、忽ち党界に重きを為すに至った所以は、彼の人間といふよりは、明らかに彼の金力だった」という。いかに政友会がこの「金力」をめざしたかについて、「金膨れに膨れ上がった中島が、どんなにチヤホヤされたかは、想像力を駆使するまでもないのである。当時中島は、政友会の天王山だといはれてゐた。彼を占領したものが、即ち戦ひに勝つといふ謂なのである」と書いている。すなわち中島金権説は、砂糖の山に蟻が群れるごとく、金のある中島に政治家が集中するのは自然なことだ冷静に観ている。

金力政治家・野心家説を簡潔に述べるのは、やはり政治部記者であった山浦貫一である。山浦は戦後に書いた「人物[19]」で、「中島は飛行機の製造でもうけつづけた大資本家だから、その力で早く大臣になったり、政友会分裂で中島派総裁になったりした。彼は鷹揚に構えているが、なかなか神経が細かく、大臣病患者であった。私は早くからそれを見抜いていたので、彼が金力を以て『出世』するのを不思議とも何とも思わなかった」という。これは中島は人物ではなく、金の力で出世した大臣病患者だとみたのである。こうしてジャーナリストの間では中島が金力政治家であるとの評は定着したかにみえる。それというのも中島の個性にアッピールするものが欠けているからであり、唯一の特徴が飛行機王であったからである。

もう一つ、伊藤金次郎は中島と久原を比較している[20]。伊藤はこうみる。中島「屋根裏総裁」は政党総裁としては「外観、甚だ地味である……久原に対して幾分の遜色を見受くる。即ち、沈黙の威力を遵奉する海軍の温床に育った中島は、質実にして寡言、彼の辞書には、『出鱈目』の文字無しと思はしむるものがある」と。ここには中島が地味、寡黙、真面目であるという特徴が指摘してある。対する久原は「公園総裁」であり、中島とは逆に「役者でいへば、舞台顔のいいのが久原」といわれる。伊藤も中島にはアッピールする力に欠け、久原の人気が高いという認識である。そこで「欲をいへば、中島の資質、多少茶目っ気ありとせば、も少し、新聞的な人気が出たであろう」と、マスコミ人気がないのである。中島には「野次馬神経乃至擢れっからし神経の希薄なこと」が問題だといい、これは「技術屋から出発した科学マンであり、真理追求に最も熱心な使徒でもある」ためでもある。こうしてみると政治家中島は「金力」という声が多いし、政友会総裁という点では大衆受けしないし、多くのマスコミも冷淡であり、批判的であった。このように反中島の声が大きかったのは、たとえ政友会代議士の中で多数派を占めていたとはいえ、その思想、政策に賛成し、人格は良いにしても、派手さやアッピール度が政友会総裁としては不足していたからであろう。したがって一九三八、三九年にはいくつもの中島知久平論が新聞をにぎわせたのである。

以上戦前即ち中島の同時代に書かれた人物論と、戦後に関係者が書いた中島人物論の特徴を見てきた。以下では「家出」をどう書いているか、検討しよう。

日統社『中島知久平』によれば、「一七、八歳になった頃、親に無断で上京して、車力までやって苦学したとの話であるが、兎もかく、二〇歳で（明治三六年一二月）海軍機関学校に入学した時には、正規の課程を踏んで来なかったといふことは事実である。だから中学にも行かないで苦学によって、専検でもとっていたのかもしれない」（五頁）し、陸士試験も合格したが親のすすめで海軍機関学校に入ったが成績はビリだった。これが中島家出の原型であろう。

『正義は遂に勝利せり』は、海軍機関学校を「気まぐれで」受験し、「明治四三年四月入学」（三〇〇頁）とある。

『軍人わしが国さ』では「中学へも行けぬほどの貧農の家に人と成り、独立を以て中学の課程を自修し、どうして貯蓄したか、一〇〇円あまりの虎の子を抱へて出京」（二二七頁）と書いた。

『中島知久平健闘録』は「明治三三年七月末のある日、突如、中島知久平の姿が、尾島町から掻き消えた」（三六頁）から、一九〇〇年七月を家出としている。机には「御両親様へ」との置手紙があり、二〇〇円の貯金を持参すると書いてあった。

『巨人　中島知久平』は家出決行を一九〇〇（明治三三）年「眼に青葉の初夏」（一〇六頁）のころ、神棚に供えられてあった藍玉売却代金一一〇円持参の置手紙を残した、と書く。

『偉人　中島知久平秘録』は一九〇〇年四月上旬に、藍玉売却代金三〇〇円を持って家出したという。

家出の日時、持参した金額とも筆者によりそれぞれ違うのである。中島知久平の「巨人説」にせよ「偉人説」にせよ、執筆者は中島を高く顕彰しようとして残したものである。偉人の記録を残すことは、世間に広くその生き方を宣伝流布したいから書くのであり、中島知久平は書かれる価値があった。そうした作品のジャンルがあってもいい。

だがそれらは科学としての歴史学には通用しない。本書は歴史学の立場から中島知久平の評伝をまとめたものである。したがって従来の中島論とは地平を異にするかもしれない。私は中島を顕彰しようとするものではない。近代日本に生き、間違いなく大きな足跡を印した人物として書く。決して忘れていい人物ではない。中島知久平は軍人として、企業家として、政治家として近代日本を動かしたのである。

注

（1）たとえば竹内常善・阿部武司・沢井実編『近代日本における企業家の諸系譜』大阪大学出版会、一九九六年、宮本又郎『日本の近代11　企業家たちの挑戦』中央公論新社、一九九九年、宇田川勝『日本の企業家史』文眞堂、二〇〇二年、宮本又郎編『日本をつくった企業家』新書館、二〇〇二年、などがある。

(2) 西岡幹雄・近藤真司『ヴィクトリア時代の経済像』萌書房、二〇〇二年、五五頁。
(3) ジョン・ケネス・ガルブレイス『日本経済への最後の警告』徳間書店、二〇〇二年、一八六頁。
(4) 米川伸一『経営史学』東洋経済新報社、一九七三年、六三頁。
(5) 池本正純『企業者とは何か』有斐閣、一九八四年、はシュンペーターの企業家像を「理念的」、マーシャルを「地味」とする。
(6) 瀬岡誠『企業者史学序説』実教出版、一九八〇年、一二八頁以下の「ホゼリッツ仮説」を参照のこと、宮本又郎、前掲書、一三頁。
(7) 伊東光晴・根井雅弘『シュンペーター』岩波書店、一九九三年、一二五頁。またJ・A・シュンペーター/清成忠男編訳『企業家とは何か』東洋経済新報社、一九九八年、を参照。
(8) 二〇〇二年は大企業の破綻と不祥事の発生において記録するに値する。エンロン、ワールドコム、雪印乳業、日本ハム、日本信販、東京電力、みずほ銀行、など一流企業の不祥事が相次いだ。
(9) 著者不明『中島知久平』日統社、一九三三年。
(10) 山北太郎『革新時代の党領中島知久平を研究す』交通研究所、一九三七年、九〇頁。
(11) 永松浅造『中島知久平健闘録』八紘書院、一九三八年、四頁。
(12) 同右、六頁。
(13) 伊藤金次郎『軍人わしが国さ　上、下』今日の話題社、一九三九年。
(14) 野依は政友会では久原房之助系といわれる（奥健太郎「久原房之助の一国一党論」慶応大学『法学政治学論究』第四六号、二〇〇〇年秋号参照）。『重臣を衝く』秀文閣書房、一九四〇年、『支那事変の前途は悲観か楽観か』秀文閣書房、一九三九年、などたくさんの本を出している。

(15) 野依秀市『正義は遂に勝てり』帝都日日新聞社、一九三九年、五月に発行し六月には増補二〇版とある。
(16) 渡辺一英『巨人　中島知久平』鳳文書林、一九五五年、五頁。
(17) 毛呂正憲編『偉人　中島知久平秘録』上毛偉人伝記刊行会、一九六〇年、序。
(18) 阿部真之助「中島知久平論」(『経済マガジン』一九三七年七月号)。
(19) 山浦貫一「人物」(『新潮』一九五一年五月)。
(20) 伊藤金次郎「中島と久原」(『政界往来』一九三九年七月号)。

第1章　軍人志望の時代

1　陸軍軍人を志して

中島知久平は群馬県新田郡尾島町押切で一八八四（明治一七）年一月に生まれ、一九四九（昭和二四）年一〇月に東京三鷹で、享年六六歳にして亡くなった。戒名は「知空院殿久遠成道大居士」である。七一歳まで生きた父親よりも、七九歳でなくなった母親よりもずっと短命であった。しかし知久平自身からみれば十分な人生であったろう。海軍軍人として二〇～三〇歳代前半を生き、飛行機王として三〇歳代から四〇歳代を過ごし、最後は政治家になり、政友会総裁および大臣として四〇歳代、五〇歳代を生きた。いずれの地位も並みの人々のはるかに上に立つものであった。その地位は閨閥があってたどり着いたものではない。親から受け継いだものはDNAのみといっていい。すべてはゼロから出発したのである。

中島の生家はないが、両親のために建てた〝中島御殿〟が利根川沿いに現存している。竣工から半世紀以上が経過した。屋敷内の椎樫は巨木となり鬱蒼とした屋敷林となった。ここ尾島は利根川の中流域にあり、氾濫原により肥沃な畑作地である。西には秩父の山脈があり、浅間山は今なお白煙を吐いている。北にははるかに谷川岳をのぞみ、赤城山が巍然として目を圧倒する。目を東に転ずれば日光から那須へと山々が連なる。ここには山があり、川があり、台地があった。

冬になれば空っ風の吹きすさぶ青空があった。しかし海ははるかに遠かった。

群馬は徳川家発祥の地であり、幕末勤皇の奇人高山彦九郎や博徒で義賊の国定忠治の故郷でもある。高山（一七四七〜九三）は本名を正之《マサユキ》という。『太平記』を読んで感銘し、京都で学ぶ。のちに勤皇の立場で諸国を巡り、有力者と交際した。幕府の嫌疑を受け、憂憤のあまり久留米で自殺した。のちに中島は高山彦九郎を追悼する文を書いている。

「高山先生墓前日記序(1)

赤城の山高くして大利根の水深きも、未だ誇とするに足らず、地霊に人傑にして始めて郷党閭里矜持たるを得べし、我郷前に新田義貞公を出し、近く高山彦九郎先生を生む、其忠肝義胆は、此地と共に正に顕彰するに足らむか。

新田公が勤皇の大義を唱へ、旗を生品祠前に竪つるや、勇名天下に轟き、遂に天子の節刀を賜り、建武中興の諸将を総べて逆賊を追討し、錦嚢の詔書を佩びて羽箭の裡に戦没するに至る。其鴻業未だ完からざるも、其積凛として生気ありと謂ふべし。

独り高山先生に於ては、一布衣より起り、満神《（ママ）》是れ忠、渾身是れ義、眼中只勤王報国の念に燃えつゝ、長剣短褐足跡国内に洽く、草莽の臣遂に天顔に咫尺《しせき》したる如きは、既に天下稀覯のことなるに、一朝突如として逆旅に自刎するに至る、其半生の壮烈にして其末路の何ぞ悲痛なるや、然りと雖、先生の余烈百年の後に顕れ、先生の高風大義に感孚するもの、翕然として簇出し、遂に王政復古の大業を見るに至る。

宜《むべ》なるかな、朝廷其功を録して正四位を追贈し、畏《かしこ》くも明治大帝は其御製を物し給ひ、以て先生の回天の創業をたゝえさせ給ひたる如きは、真に稀世の光栄と謂はざるを得ず。

嗚呼尽忠報国の涙は、賀茂川の水と共に清く、三條の橋は朽るも、先生の名は長へに亡びず、百歳の後誰か感歎憧憬せざるものあらむや。

方今化理清明、人文日に進むも質実剛健の気風為に乏しく、思想険悪を加へ、蹇々《けんけん》たる匪躬の節に於て、転た先生を思ふこと切なり、夫れ忠臣は孝子の門より出づと、人若し此書を繙かば、先生の英邁卓越なる忠魂義醜の反面に於て、孝養至らざるなき美徳を一ヶ月間の日記によりて、仔細に掬するを得べし、是れ啻《ただ》に郷党子弟の為に好固の教材たるのみならず、又以て世道人心の準縄《じゅんじょう》たるを得むか。

昭和七年一月　　　中島知久平　誌《シルス》」

中島は国をおもう高山彦九郎の生き方に共感していた。中島がなぜ軍人になろうとしたか、それも陸軍を志したかについては、はっきりしていない。貧しいが有意の農村少年にとって軍人志望は唯一の選択肢であった。のちに詳しく見るように、中島は生家の隣の正田満に大変世話になった。もう一人忘れてならない人物がいる。川岸文三郎である。川岸は群馬の生んだ「最高陸軍武人」[2]である。

川岸は一八八二（明治一五）年尾島町前小屋の川岸虎造の三男に生まれ、一九五七（昭和三二）年死去した。川岸文三郎は子供の頃から頭脳明晰で、太田中学の四年から陸軍士官学校に入学し（一九〇一（明治三四）年）、一九一一年に、陸軍大学を卒業、一四年に陸大の兵学教官になった。その後大正天皇、昭和天皇の侍従武官を拝命し、ついで熱河作戦に従軍、久留米師団長、朝鮮の龍山師団長に転出し、日中戦争勃発の端緒となった盧溝橋事変では第二〇師団を指揮し、ついで北寧鉄道一帯の作戦を指揮した。中将にて太平洋戦争の敗戦を迎えた。一九三四年に昭和天皇が中島飛行機を訪問したのは、川岸の助言があったためといわれる。知久平の二歳上の川岸であるが、その生き方は郷里の輝ける星であった。知久平が川岸の後をたどろうとしても不思議ではない。

また赤城山南面は幕末には博徒であり、義民である国定忠治の活躍する場でもあった[3]。時代は徳川幕藩体制が弛緩した幕末の頃、忠治は殺人犯であるが、お上に逆らいながら、一種の権力空白地帯を形成した。浅間山が噴火した天明の大飢饉のとき、忠治は豪農や豪商の蔵を解放して、近隣の飢餓に苦しむ民に食糧を分けたのである。忠治が大前の関所で磔死になってから、まもなく知久平は赤城山を仰ぐ尾島町に生を受けたのである。忠治は郷土の語り草であった。権力は人々の心の中では相対化されたといえる。もちろん中島は忠治の実像を聞きながら育ったのである。この地は幕末の頃には博打打ちが跋扈し、なお近代を待望する思想家を輩出し、近代になってからは軍人を生んだ。変わらないのは赤城颪《おろし》の空っ風の厳しさであった。

中島知久平の生家は農家であった。地主でも、小作でもない、この地の中堅自作農であった。ここは畑作地帯であり、染料材料の藍栽培や養蚕業が盛んであった。伊勢崎、前橋、桐生、足利などの製糸業、織物業に原料を提供した。中島家は商業的農業と養蚕副業により現金収入を得ていた。

知久平の父親は粂吉という。粂吉は文久二（一八六二）年八月二三日、中島忠蔵の次男として生まれた。母親のいつは慶応元（一八六五）年三月二日邑楽郡下小泉村に久保田幸吉の次女として生まれた。知久平はこの二人の間に、一八八四（明治一七）年一月一一日に誕生した。

正田満は正田杢左衛門の三男として、一八七五（明治八）年に生まれた。中島と正田は家が隣であり、正田は中島より一〇歳ほど年長であった。知久平が一〇代半ばには満は二〇代半ばであり、単なる隣人であり友人であると言うよりは師弟関係といったほうが正確かもしれない。正田満は日清戦争後、徴兵検査に合格し、近衛師団に入隊した。知久平が一七歳のとき、満は曹長になり、休暇のたびに帰省し、知久平とあった。正田は知久平に軍人の道を薦めたようだ。

中島知久平は高等小学校を卒業した。時に一四歳である。太田中学への進学を希望したが、それはかなわなかった。家の職業を長男が継ぐのは当然であり、農業に学問は不要と思われていたからである。この当たり前のレールに乗ることは自然であり、彼はこのレールを受け入れようとした。昼間は農業を手伝い、夜間は塾に通った。塾とはいえ現在の進学塾とは大いに異なる。金山塾は尾島町大字岩松にあり、太田稲立が教えていた。太田は当時群馬県第一の国学者といわれ、塾は昼と夜の二部制に分かれ、国文、漢文、数学を教えていた。塾の精神は国体明徴を基調とする日本精神昂揚にあり、また国家主義振興にあった。これは新島襄のキリスト教とともにもう一つの群馬の土着精神である。夜間の塾終了後において、仲間は遊びに行くのだが、知久平は夜中の一時二時まで石油ランプの下で勉強に励んだ。

中島知久平は一九〇〇（明治三三）年二月一六日、正田満（麻布歩兵第三聯隊第十一中隊）から手紙をもらった。正田は中島の「君ハ一意専心義ヲ重ンジ心ヲ軍事ニ傾ケ以テ国君（家？——引用者）ノ為ニ身ハ犠牲ニ供俸セント欲ル□（一字不明）其ノ意転タ恋々ニ耐ヘサルナリ　嗚呼転タ感慨ニ耐ヘサル者ナリ」と、その決意に大賛成であった。正田がみるとおり、知久平は軍人になることを堅く決意していたのである。時に一六歳である。

その上で正田満は知久平に「凡ソ物ニハ一利一害ハ免カレサル者ナリ君ノ思慮ノ深キハ素ヨリ余ノ確信スル所志操ノ誤ナキハ敢テ疑ハサル所　思イラク夫レ君ヨ（乃？——引用者）将来ニ関

スル一大事ナラズヤ一朝踏過タハ恰モ不利ノ戦闘ヲ交ヘタル如ク　惑ハ空ク日月ヲ閲シタル如ク復ビ来ラサル再ヒ返ラサル者古ヨリ軽操ノ為メニ　アワレ英雄豪傑スラ進退極マリタルノ例少カラス」と、慎重さと熟慮を促した。

ということは、正田は中島が「思慮深く、志操堅固」であることを認めてもなお、若さゆえの突飛な行動に出はせぬかと心配をしていたのである。

したがって次のようにくぎを打った。「願ハクバ終始熟考能ク胆力ヲ練リ飽クマテモ己意ノ欲スル処父母ノ赦ス処ト成ラバ時ヲ失セズ機ニ乗ジ熱心勉励他日青雲ニ達セン事ヲ期セヨ」と両親の承認の下での行動を勧めたのである。

この時陸軍が希望であった。正田は中島に地方幼年学校規則書を同封し、出願の資格を問い正したし、それが不可能であれば、乙種士官候補生試験があることを示唆し、「父母の許可あれば」中島のために奮闘することを誓った。正田は中島が東京に出てから受験勉強を支えただけでなく、金銭面でも援助したが、中島の晴れ姿を見ることなく、日露戦争に従軍し殉死した。したがってこの手紙の文面はそのまま正田の意志である。

この年の九月に、中島は物理学と化学の本が近くの書店にないから、東京で買って送るよう依頼している。

一九〇一（明治三四）年の夏は少雨で暑かった。中島は尾島町押切におり正田は台湾にいた

（基隆守備歩兵第一大隊第四中隊）。正田は雑誌を送り中島を励ましていた。中島は台湾の正田に手紙（八月四日暑気見舞い）を書き「大兄ニハ御身ノ暑難ヲモ顧ズ吾ガ身上ニ耐《ママ》シ明暮レ御煩慮有之ト存ジ候実ニ辱ナ〔カシ〕キ余リ唯謝奉リ候」と、常日頃の配慮に感謝の意を述べた。そして「生ニ於テハ農務ヲ支〔?〕シ置キ習学《ママ》スル事ハ相替ハズ《ママ》候ヘトモ余暇ニ在ツテハ瞬時モ惜ミ勉学致シ近隣ノ人々モ驚感スル位ニテ候」とあるように、農業を手伝い、農業のあいまや、仕事のない雨の日や夜間に必死になって勉強した。この頑張りように、周囲の人は驚いたのである。近所の大人から子供の中島が一目おかれていたのである。このとき一七歳である。

一九〇一（明治三四）年一二月正田満は東京に帰り、麻布歩兵第三連隊第十中隊にいた。中島は尾島町にいて、陸軍幹部候補生乙種試験が廃止されたという噂があり、それの当否を問い合わせた。

そして一九〇二年一月一日中島は尾島から麻布の正田に年賀状を出した。それの追伸で中島は「中学文壇」に感心し、入会できるか問い合わせしている。地方の青年がいかに文明に渇望していたかがよくわかるし、正田もそれに丁寧に対応した。中島知久平は一八歳、彼の人生に大きな転機を迎える、否、彼が新しい未来を自ら切り拓くのである。中島は通信教育を受けていた。それは東京の神田区猿楽町にある東京数学院のものである。中島は院外生であり、金を払い講義録を受け取り勉強していた。

ところで乙種試験は存続していたようである。それを目標の学習の進み具合はどうであろうか。試験科目と試験の程度を知ったときの気持ちを、「欣喜ハ実ニ譬フルニ辞《ママ》ナク今猶余ガ胸中ヲ横行シツツアリ　余ハ其レヨリ奮励益々勉メ今ハ遂ニ十六科目中数学英語ヲ除クノ他ハ悉皆習修仕リ候」と表わしている。それほど地方では情報が不足していた。そして一六科目中一四科目は勉強したという。残り二科目は数学と英語である。一九〇二年二月一〇日の手紙にそう書いてある。

数学は東京数学院のテキストにより、英語は東京英語学会会員となり勉強した。勉強時間は農業の空き時間と夜間であった。毎日夕食後六時間勉強した。彼は努力の人であった。中島知久平の勉強ぶりには父や兄弟の驚き余るものがあり、なおかつ知久平は中学生が通学するのをみるにつけ涙を止められなかった。中学校へ行くことができなかった想いを、彼は不満として態度に表わしたり、親にぶつけるのではなく、深く心に刻み込んでいた。

こうしたすべての努力は乙種士官候補生試験にパスすることであった。そしてなお自分の境遇を嘆くだけでなく、「富嶽ヲ越ユル鴻恩ニ報ユルヲ」念じていた。

2　出　奔

中島は尾島での独学自習にピリオドをうち東京に出た。一九〇二年八月一六日に出奔した。出奔について、日時や行動について、昔からさまざまなことが言われてきた。手元にある材料からいかに伝説が作られたのか、みてみよう。最も古い日統社『中島知久平』（一九三三年）では、「一七、八歳になった頃、親に無断で上京して、車力までやって苦学したとの話であるが、兎もかく、二〇歳で〔明治三六年一二月〕海軍機関学校に入学した時には、正規の課程を踏んで来なかったといふことは事実である。だから中学にも行かないで苦学によって、専検でもとっていたのかもしれない(4)」とある。一九〇〇、〇一年頃上京したことになる。

次に永松浅造『中島知久平健闘録』（一九三八年）は「明治三三年七月末のある日、突如、中島知久平の姿が、尾島町から掻き消えた(5)」とある。知久平は「御両親様」あての手紙を机の引き出しに残した。それには「どうぞ、私の体はお国に捧げたものと諦めて下さい。私は、これから東京に出て勉強をいたします。決して御両親に御迷惑をかけるやうな行為はいたしませんから、この点何卒御安心下さい。それから私が小遣ひを貯めておいた二〇〇円余りの金は、学資にするため皆んな持参いたしますから、自活の道を立てるまで困ることはないと思ひます(6)」とあった。出立の日時と持参金について注目していただきたい。さらにつづく。野依秀市は前掲書にこう書いている。一八歳のとき東京に出たのは、陸軍士官学校受験のためであった。知久平は陸軍士官学校と海軍機関学校の願書を提出し、海軍機関学校に合格したことを粂吉は官報で知ると、勝手に陸士の願書を取り戻してしまった。一九一〇年四月海軍機関学校に入学し、一九一二年に卒業した、とある。家出は一九〇九年のことか。

中島知久平史の決定版ともいえる本ではどうか。[7]「明治三三年の余寒の厳しい折」、「眼に青葉の初夏が訪れた」頃だから五月になろう。「藍玉代金一一〇円」を懐にして出奔した。その際「僕はどうしても勉強して立派な人になりたいのです。そのために東京へ参ります。……つぎに悪いこととは思いながらも、学資が要りますので神棚に上っているお金を持って行きます。定めしお困りになることと存じますがしばらくの間貸して下さい。一生懸命勉強して早く偉い人になりお金は何倍にもして必ず返します[8]」という手紙を残したらしい。そして同書には「『大行は細瑾を顧みず』という樊噲の語を思い出し」とあるから真実性も高い。このように家出の時期について、一九〇〇年から一九〇七年ごろまで幅がある。持ち出した生活費は二〇〇円説と一一〇円説があるが、この金額は相当大きい。どれくらいか比較してみよう。朝日新聞東京本社版の案内広告で三行の料金は一九〇一年が六〇銭であったが、一九八二年は三万三〇〇〇円である。[9]この間に五万五〇〇〇倍になる。歌舞伎座の観覧料は一九〇二年が五円八〇銭であるが、一九八二年には一万円である。一七二四倍である。この頃の一カ月の教員給料が二〇円であるから、現在が二〇万円とすれば約一万倍が適切な水準となる。一一〇円を一万倍すれば一一〇万円である。これだけの現金を果たして神棚において置くだろうか。もっとも勤勉で向学心に燃える息子の家出を唆したと見えなくはない。また子供が二〇〇万円も小遣いを貯めることができるだろうか。藍玉代金神棚説は無理があり、むしろ金額の多寡に引っかかるが、小遣い持参説には合理性がある。

中島は舟で利根川をわたり、深谷駅まで歩き、そこから汽車に乗り、この日のうちに「神田区錦町三丁目三番地伊藤スゞ方」に下宿した。その日知久平が行方不明となったから、尾島町は大騒ぎになった。翌八月一七日には「中島知久平家出」の電報が各地の知人宛に打たれた。宛先は習志野原騎兵第一三連隊島山荒吉、近衛歩兵第二連隊第九中隊中島文作、世田谷砲兵第一三連隊伍長松本富作および麻布第三連隊第十中隊の正田満軍曹である。

一七日に父親は急いで上京し、知り合いを訪ねたが、杳《よう》として行方は知れなかった。そのため警察に捜索を依頼し、正田満には知久平の身上を任せて、帰郷した。この父親の動きを知らず、すなわち八月一七日に知久平は粂吉に手紙を書いた。間髪を入れず、というところがいい（本書三二、三三頁参照）。

「一楽ヲ得ルニハ一苦ヲ免レズ　上階ノ栄ヲ欲セバ下段ヲ踏マザル可ラズノ嫌アリ　又一方ニ善カラントスレバ一方ニ善カラズ　二方ヲ立ツルハ殆ド得べザルノ難事トス　サレバ又名ヲ立テ祖父ノ名ヲ顕シ一大孝忠ヲ成サンニハ　其ノ又始メ一時不幸ノ如キ轍ヲ踏マザルヲ得サルカ　余今回ノ挙ハ一大志望ヲ抱キ発郷セシタリ　サレバ志望……」と、楽か苦か、幸か不幸か、上か下か、という、明快な論理により、家を出た理由を述べた。そして親の許しを請うたのである。家に置手紙を残したと従来は言われるが、それは事実ではない。この手紙こそ彼の最初の手紙であり、断固とした決意を明らかにしている。

もちろん正田満は知久平の行方を知っていた。神田区の伊藤方で知久平と正田は面会した。すべて正田の手配であった。正田の命令により、所持金は全部正田に預け、四谷区に移った。どうもその間（八月二二日頃）に四谷区伝馬町の中村吾一郎宅にいたらしい。正田満は尾島に帰り、中島の家族に、一部始終を説明した。知久平は金を取り上げられていたから、ここから逃げることができず、ビクビクして正田の帰りを待った。勘当か、強制的に帰されるか、それとも勉強を許されるか、不安であった。正田満は二三日午後一二時に帰京した。

正田が持ち帰った返事は「夢には非らざるかと疑うばかりなり」のいい返事であった。それは父親、家内一同一つの異議ないだけではない、父親は「実に志望に於いて天晴れ人心に協へ一つも指言する所なし」のように大賛成であった。しかし父母に相談せず、大金を持ち出したことは不幸の至り、との父親の言であった。そしてそれはもう済んだこと、「充分奮励以て意志を遂げよ」との激励の言葉を与えたのである。正田に白木綿の襦袢を託した。やはり「大金」を持ち出していた。

何という父親像であろうか。藍や養蚕そして米麦作と働き手はいくらでも欲しいし、長男の知久平は必要な労働力であった。しかも一家にとって大事な収穫の大金を持ちだした人間を、息子の大望のためにたやすく許したのである。知久平は「気宇壮大」と称されるが、粂吉もまた「気

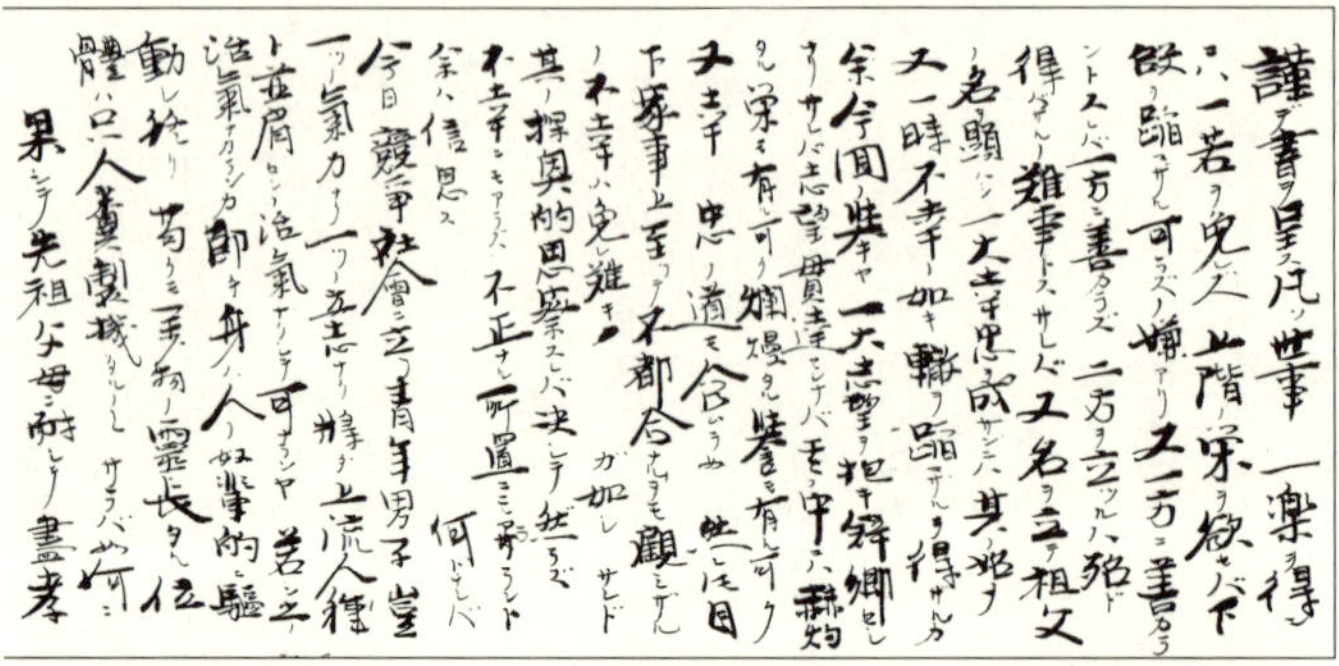

(中島記念図書館蔵)

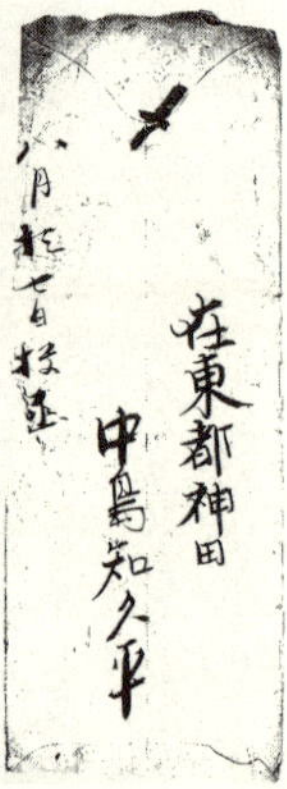

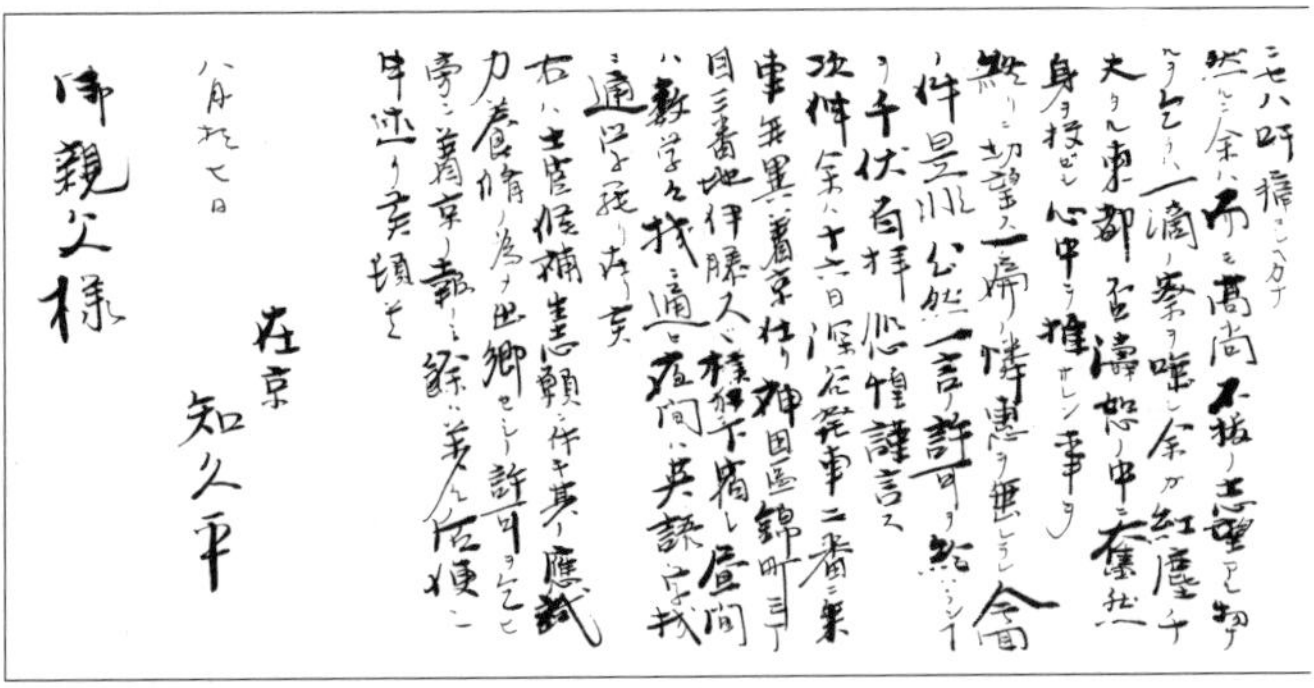

知久平から粂吉宛書状

宇壮大」と言わなくてなんと言おうか。この親子は厚い信頼と固い絆で結ばれていた。

正田からこの話を聞いた知久平は、「欣喜の情に堪えず　仁恵深憐の意言痛く脳裏に徹し血涙に忍びず　嗚咽止む得ず並手郷雲に向い伏拝のみ　余不肖薄《（ママ）》学なりと雖如何で其の恩恵に報えざる可き例ひ白が黒なりとも奮励勉強来四月の試験には合格し士官候補生辞令書を持し以て左右に向ひ従来の多罪、其の砌り多々相謝す可く」のように、深く感激し涙のとどまることはなかった。そして一九〇三年四月の陸軍士官学校入学試験にパスすることを誓ったのである。ここにあるとおり知久平の出奔の目的は陸軍士官学校進学である。

以上の経緯を八月二六日付けにて、知久平は家出以来二回めの手紙を粂吉に書いた。それは几帳面な字が一行に一七～一九字あてびっしりと毛筆で書かれており、全部で一五〇〇字余りの長文の手紙である。手紙の最後で、蒲団を買えというが、それは七円を要する、自分の予算で買うと一カ月車夫をしなければならないから、ぜひ家から送れと頼んだ。

正田を訪ね、その関係で小石川の宮下仲三郎家に下宿した。二四日午後六時に移った。八月二五日には宮下家におり、宮下仲三郎は粂吉に「子息は正田満に相談して勉学のために家出したが、預かるからご安心あれ」との手紙を書いた。したがって中島知久平が家出してから数日のうちに、尾島の両親は居所をつかんでいた。宮下家は仝の屋号を持つ綿糸商である。

知久平はすぐに次の手紙を書いた。下宿といっても宮下家はせまく、三度の食事をするだけであり、寝起きと勉強は別に片山家（学校職員）にお世話になった。両家は中島にとり親戚関係にないから、「常ニ礼辞ヲ旨トシ謹恭ヲ以テ朝夕彼等ヲ尊敬シツツアルガ如クナレバ時間ノ不経済少ナカラズ」と気遣いと時間のロスに悩まされていた。それは具体的には、片山家が朝寝坊で、朝七時が起床時間であるから、早起きはうるさく思われるし、座敷や庭掃除をすると八時になる。それから宮下宅へ行き朝食をして帰ると一時間を要する。勉強を始めるのが九時であるから、午前中は三時間である。同様にして夕食までに五時間あるし、夕食後に就寝まで二時間ある。合計一〇時間の勉強時間である。さらに小石川から神田の学校に通学すると往復二時間を要する。

これが上京直後に二つのお宅に下宿した場合である。これは書生の生活であり「イソーロー」のようで窮屈であるだけでなく、時間の使い方において不満であった。もし神田に下宿すれば学校開始前に三時間、したがって小石川の下宿と神田の下宿では勉強時間で一日七時間の差がでる。翌年四月が受験とすると、七カ月一四七〇時間のロスになると、知久平は計算する。このように知久平の数字は説得力がある。

下宿代は小石川が両家で月六円、神田の下宿は七円である。知久平は「費用ヲ惜シムノガ目的デハナイ試験ニ登第《ママ》スルノガ目的」といい、一四七〇時間のロスになれば、合格はおぼつかないというのだ。知久平は神田に下宿することに決めた。ここには中島の本領が遺憾なく発揮されている。下宿一つ決めるにも、緻密な計算式をたて、それに基づいて行動するということである。

途方もない勉強時間の多さにも驚かされるが、計画性の特徴がよく出ている。

そして八月二八日父親の粂吉は知久平に素っ気ない手紙を出した。宛名は小石川の宮下仲三郎方中島知久平殿、差出人は「大字押切　中島」である。内容は知久平が東京で勉強したいから出奔したが、お許し願いたいとの手紙への返事である。粂吉は「今回修学都合ノ件　委細承知奉リ此上ハ其方ノ勝手決〔?〕処場所ニ於テ止宿すべし《(ママ)》然レ共学費不足候共決不送候〔一字不明〕申依テ為念返書候也」と書いた。知久平の家出間もなく、父親から許可を得ようとした息子に、粂吉は無条件に許可を与えたのである。「体に気をつけよ」「しっかり勉強せよ」とかの修辞のない、突き放した手紙がここにはふさわしい。

これを読んだ父親の粂吉は神田の下宿を承認したが、学費が不足しても「決して今後送り申さず　持余の金にて足る様注意すべし」と知久平に伝えた旨の手紙を正田満に送り、知久平の相談に乗ってくれるように頼んだ。九月一日には小石川におり正田満軍曹に一〇円を催促している。これは正則学校の入学金、授業料、などである。やはり知久平が持参した金は正田が管理していたことになる。

かくて一九〇二年九月七日中島知久平は小石川から神田区錦町三丁目の専門下宿屋である上毛館（大川弥太郎）に移った。午後七時頃小石川を出て午後九時頃上毛館に到着した。これは正田市郎の世話によるものである。ようやく腰が落ち着いた。

この時知久平の目標は翌年すなわち一九〇三年四月の士官候補生試験であった。この受験勉強を親は認めたが、わずか半年余でパスできる自信はなかった。しかし知久平には年齢と学費の制限があった。したがって勉強には自ずと熱が入った。その勉強ぶりは以下の通りで、他人の三倍は勉強したと豪語している。午前中はまず朝食まで勉強し、一二時まで英語学校に通い、午後は五時半まで数学学校に通った。夜間は六時から九時まで英語学校に通った。帰宅後は午後九時半から午前一時頃まで勉強した。勉強の内容は英語、数学の授業とそれの予習復習および化学や物理など一一科目の暗記である。知久平は勉強時間が一日一八時間であるという。もちろん一日は二四時間しかない。睡眠時間や食事の時間は削られ遊んでいる時間はもちろんない。遊びの話しは一切ない。その結果手紙を書く時間も惜しいし、切手代三銭も惜しいという（葉書は一銭五厘）。翌年のこと、弟喜代一への手紙（一九〇三年七月一七日）では「一時、二時も何の糞鳥が鳴こうが吉（ママ）が明こうが御寺の防（ママ）主が鐘撞こがと大猛か〔力?〕直進した」との勢いであった。

家出後一カ月が過ぎた。九月二八日関東地方は激しい暴風雨に見舞われた。知久平は藍玉、葉藍、大豆などに被害が及ばぬか心配していた。そして「余不肖ナリト雖今ニシテ家ニアリシナバ藍玉一粒ノ運搬ノ助手トモナリシモノヲ　呼余ノ不孝少カラズ実ニ謝涙ニ堪ヘズ候　然シ遠里ノ異郷ニアリ父母弟妹ノ遇急ヲ黙想シツツ知久平四畳半ノ一室ニ於テ膝上ニ涙雨ヲ注ギツツアル余ノ心中御推量下サレタク候」と、故郷を、父母兄弟を想い、すっかり弱気になっていた。上京して一カ月、新しい環境になれるとともに、緊張がとれると、ホームシックが顔を出すのである。これは知久平の最初で最後の弱気な手紙である。以降は皆無である。そのために正田満の存在は大きい。神田と麻布だから距離はないが、正田は軍務に就いており、演習があり不在がちであった。しかし頻繁な手紙や面会などで、知久平にとっては、遠い両親よりはるかに力強い存在であった。そしてよく面倒を見た。

一九〇二年の秋（と推測する）に、知久平は正田満の名前で海軍の関係者宛に手紙を書いた。内容は中島知久平が海軍将校生徒を志願しており、陸軍の自分にはわからないから次のことを、中島知久平宛知らせて欲しいということである。㈠海軍兵学校出願手続きと出願期日、㈡在校中生徒の待遇と年限、㈢卒業後士官になるまでの経過、である。これに対する返事があったか不明であるが、すでに一九〇二年に、彼は海軍にも関心を寄せていた。「陸軍軍人となり大陸で活躍する」ことにこだわっていたわけではない。ともかく情報収集が人生設計の第一段階である。中島は各学校の待遇と卒業後の出世について一覧表を作成して比較検討した。

一九〇二年一二月一九日には、正田満は知久平に対し、麻布の連隊内で軍旗祭と余興があるから、午前中は日課をこなし、午後から散歩がてら遊びに来るよう誘っている。同一九日神田区役所から士官候補生出願用の身元証明書に町村長の証明を付して提出するように指示があった。知久平は連隊旗祭の麻布連隊へ出かけ、司令部に正田歩兵軍曹を訪ねた。提出すべき書類について相談した。

年末には前の下宿の宮下家にお礼を差し上げ、また正田満から受領した官報によれば、士官候補生試験が五月一一日からになった。これは知久平が予定した試験期日を一カ月遅れることになり、それだけ余計に勉強できると喜んだ。そして早くもこの年末から、提出書類（身元証明書）の準備が始まり、尾島町では正田國太郎が尽力した。

越えて一九〇三年一月一日、知久平は神田の下宿で正月を迎えた。尾島町の正田伊平や正田國太郎、福島、中島喜代一、東京では京橋区の荒井興八らに年賀状を出して新年を迎えた。この時荒井は借金取りに追われ行方をくらましており、知久平も金を貸して数日面倒を見たらしい。北海道の正田嘉吉（旭川騎兵第七連隊第二中隊）からは「仕事は何か」という年賀状であった。そして一月一七日消印の麻布からの手紙は墨で塗られていた。検閲に引っかかったためであろう。また海軍の正田金吾（横須賀港第一四号水雷艇）には海軍兵学校の情報提供を依頼している。

3　受　験

さて一月末には、陸軍士官候補生試験の願書が動き出した。正田満によれば、願書は師団から教育総監部へ回された。正田は中島を「此の上《（ママ）》は熱《（ママ）》心勉励潔ク試験ニ応ジ一途ニ之カ志操ヲ貫徹セラルコトヲ」と激励しているし、二三日からの二日間の演習が終わった二九日には、散歩がてら麻布を訪問するように誘っている。

三月には粂吉が神田に知久平を訪ねた。知久平は「御拝眉ノ幸嬉雀躍ニ堪エズ」とうれしい気持ちを書き送っている。そしていよいよ試験がせまった。はじめは一九〇三年四月一日、麹町区東京衛戍病院での士官候補生志願者を対象とする体格検査である。ところがこの身体検査で落ちてしまった。それを知った粂吉は「今回は事の予想外に出て実に驚き入る次第」と、門前払いに驚きを隠せなかった。本当のところこの試験は願書不備で受験できなかったのである。師団長の承認書（推薦書）が一通欠けていたからである。父親は再度軍医の身体検査を受けること、および海軍に出願すべし、と意を伝えた。

それは知久平を落胆させただけではなく、尾島町で必要書類一切を揃えていた正田國太郎をして「予想外の事にて驚き、一掬の涙を注ぎ候」との同情を禁じえなかった。正田は誰か卑劣漢が妨害工作を講じたかもしれない、というがもちろんそれはない。単に書類の不備であった。そこで周囲は海軍兵学校受験に傾く。正田國太郎は一八七四年の八月生まれだから、中島知久平とはひと回り違う。正田善吉の長男である。一九〇五年に東京蚕業講習所を卒業し、一九二〇年には農林省蚕業技師となり、養蚕業の発展に努める。一九五七年に八四歳で没した。

中島が門前払いとなった陸軍士官学校の入学試験は厳粛であった。市ヶ谷の会場前では下士官が和服の袂やポケットを捜索した。カンニング防止のためである。監督の歩兵大尉は真新しい服装であった。監督は厳封した袋から問題と解答用紙を取り出して、下士官に配らせた。問題と解答用紙は和紙であり、解答は毛筆で書いた。

4　親は海軍を勧める

中島知久平は陸軍が志望先であった。そのための家出であり、それから七カ月が過ぎた。一九〇三年四月一日に粂吉は息子に次のように言った。第一は体格検査を受けること、第二は海軍兵学校を受験すること、第三は不合格の時は帰郷し農業に就くこと、と。志望先変更の理由は不明であるが、受験資格にかかわるようだ。中学を卒業していない知久平は「海軍省告示第二号」により、海軍大臣が認定する公私立学校の学校長が「学力善良、品行端正」を証明すれば、甲種試験を受験できるというのである。甲種の受験科目は漢学、作文、英語、数学である。志願先の情報に関しては正田國太郎があずかっており、正田國太郎は神田の正則中学校が文部省の認定を得ているから兵学校の出願に適しているが、神田中学は否である、と知久平に正則中学からの認定書入手を勧めた。海軍兵学校かまたは農業かはこの頃、尾島町でも噂されていたし、尾島の正田代吉はそれ以外の第三の道があるのか尋ねている。

さらに条吉は海軍教育本部告示第一号第十条を抜粋して、「其方ニ取リテハ神田ノ正則学校長及ヒ校主ヲ指ス　第四号式ニ依テ差出ス者ハ乙種ト確考致ス……右ノ第十条ニ付海軍省ニ行詳細問合シ其上出願ノ手続ヲナスベシ　他ニ考フルハ無用ナリト信シ居リ候」といい、知久平は正則学校長の証明により甲種の受験資格者となることを書き送った。

ということは、中島知久平が何を希望し、そのためにはいかなる受験資格が必要か必ずしもはっきりしていなかった。もちろん一六～一九歳という年齢制限もあるから、確たる情報が求められた。そのために知久平は多方面の知人に手紙を書き、故郷でもあれこれと心配したのである。そうした照会が尾島では種々の噂を呼んでおり、加えて、知久平の身上調書作成のために、正田満軍曹が帰郷して正田國太郎、正田伊平、正田佐吉らに相談するから、噂が飛び交い、中には「父母兄弟ノ身トシテ聞ニ耐エ兼ル場合アレバナリ」というのである。知久平の身上に関する噂とは何か、知久平が長男であるにもかかわらず、次男が喜代一であることか。長男に「一」をつけるのが普通であるからだ（中島源太郎談）。

それはともかく、五月には海軍兵学校の受験を決意し、周囲も一応ホッとした。尾島の正田國太郎は同校志願を喜ぶと手紙で励ました。条吉の五月の手紙には、海軍への願書を早めに出すように、間違いがあれば訂正に時間が必要だから、とあった。正田満軍曹は五月二八日に「至急願書を出すよう」促している。知久平はこの日海軍兵学校の願書を出した。願書の締め切りは六月一〇日のことであり、その日に区役所が願書をひとまとめにして築地に送るのである。そしてあわせて正則学校からは中学校卒業程度学科を修了した旨の証明書を交付された。願書が受け入れられるかが問題であるが、「学力試験ハ決シテ不合格ヲ取ルガ如キコトハ無之シト存ジ候エバ御安心」下さいと、自信があり、親を安心させようとの、配慮を示している。

五月母親いつは病気で小泉に帰って、三科先生の診察を受けた。命に別状はない、という診断である。労働力が一人欠けるが、お蚕の勢いはとても良かった。

六月一四日には青山練兵場において、ロシア陸軍大臣に対する閲兵ならびに分列式が行われ、知久平は見学がてら正田に会いに行った。正田満はここで「試験合格までの学費を持つ」と豪語したが、知久平はそれは忍びないから、親に送金を依頼した。閲兵式、分列式をみた知久平の印象は軍人の機敏な動作に幻惑された。粂吉は海軍兵学校受験が近づいたとき、「国威伸縮《(ママ)》」を担う「軍国男子」の宿望がかなうよう激励した。また正田の好意を受けることはできない、として下宿料の一〇円を送金した。

六月二〇日には広島県江田島海軍兵学校から受験案内が志願者に届けられた。東京で受験の場合は築地の海軍大学校に届けるべしと。七月一〇日には、七月一六日午前七時身体検査のため海軍大学校に集合するように案内があった。前の晩はコンデションを整えるため明るい内に寝たら、午後一〇時頃正田満軍曹が心配だからと尋ねてきた。明日の検査に付き添うためであった。

当日の朝六時過ぎに出発しようとしたら、妻沼聖天様の願望成就のお守りと八幡大権現のお祓いが届いた。中島は身長五尺二寸（約一五八センチ）、体重一四貫二五〇匁（約五三キロ）、右目の視力が弱かった。これは七、八歳の五月の頃、蚕室の桑棒でチャンバラをして突いて出血をして以来である。検査途中で動悸が激しくなり、これはいけないと二時間の休息を申し出た。終了後は正田満とともに正田豊次郎の妹「おたつ」様方で夕食をご馳走になった。ここは築地海軍大学校の近くである。

身体検査の結果は「甲の甲」ではなく「乙の甲」であったから、「上等」であった。また受験生の多くは初めてではなく、二年目、三年目が過半であると、知久平は見た。いわゆる海兵受験浪人である。

七月になり海軍兵学校の試験が間近になった。正田軍曹は中島知久平に七月七日、一九日と会い、受験の宿、必要な持ち物などアドバイスした。

試験は七月二七日からであるから、神田からは距離があるため、知久平は二六日から、築地の玉川館に投宿した。この費用は正田軍曹から借りた。その金は後日、粂吉が軍曹に送金した。この試験に合格するように、尾島の家では、神仏に朝夕祈願した。知久平の祖母は周辺の神社や鎮守様にお参りした。粂吉は妻沼の聖天様歓喜院に願望成就の祈願をし、「中島知久平殿」のお札をもらい知久平に送った。粂吉は築地の知久平に「報告を待つのみ」と、激励の手紙を書いた。

親と家族の気持ちである。

七月二七日が試験の第一日である。試験開始は午前八時、「気をつけ、始め」の合図は八時八分、問題数は代数が一〇問であり一一時までにやる。知久平は「一ツデモ悩《ママ》ミソニコタエル様ノ難題ハナイ。之レ準備ノ全ク完全ナリシ故　第一ヨリ腕ニ任カセテ筆ヲ飛バシタ　片端ヨリ残ラズヤッツケテシマッタ　時已ニ一一時筆ヲ置カントスルトキ止メーノ号令ガ響イタ　読ミ調ベル間ハナカッタガ先ズ代数ハ百点安心シテヨ」と報告した。東京会場の受験者は七〇〇人、代数で一二〇人が振るい落とされた。

二日目の二八日は英語である。問題は八題、時間は三時間、英語は十分に時間をかけていなかったから苦戦が予想された。しかし予想に反し、代数より「一層易ク感ジルノデアル　片端シカラヤル　一時間ト少シデ答紙へ清書シキレタ」。残り二時間に、読み返しても間違いのないのは、どこまでも間違いはない。英語も「満点安心アレ」との自信に満ちていた。英語で落とされたのが一七〇名、日々受験者は減っていく。

一日おいた三日目の三〇日は算術の試験で六題の出題は、「腰を抜かす」ほどやさしかった。落とされたのは特別試験者が一八名、普通試験者が一八名である。

四日目は三角術と和文英訳の試験である。知久平にとって三角は「一番の得手物」で、三角術の本は隅から隅までことごとく暗記していた。一般に三角ができるものは少ないから、四日目でほとんど落とされてしまうだろう、というのが知久平の読みである。ここで落とされたのは知久平の予想と異なり、少なく、特別試験者が一三名、普通試験者が八名であった。

毎朝、前日の試験結果が発表になり、それをパスしたら次の試験に臨むのである。第五日目の八月一日は幾何と漢文である。どちらもうまくいったが、幾何を一問残してしまった。漢文は『十八史略』が出た。

こうして知久平は途中で脱落することも、振るい落とされることなく五日間にわたる七科目の試験を満々の自信をもって終えたのである。海軍の試験は印刷した試験問題と解答用紙が、机の上に伏せて置いてあった。解答は鉛筆で書き、用紙の追加は可能であった。カンニング予防の袂の検査はなしで、夏服の教員が監督をして写真と本人を照合した(10)。

5　海軍兵学校に落ちる

日々「満点安心アレ」の報告であるから、故郷の尾島では当然合格と信じていた。正田國太郎もその一人である。発表前から「試験ノ成績モ非常ノ良成績ニシテ無論合格ノ由両手ヲ揚ゲテ欣躍仕リ候」とお祝いを述べていた。東京の正田粂次もまた好結果の由、是非試験の模様を聞きたい、といった。

九月になり、結果が判明した。不合格であった。試験成績たるや知久平の主観とは著しい齟齬があった。算術と英語は予想の半分にもならなかった。成績順位は一八〇〇余の受験者中二八七番であった。一〇〇名が定員であった。無残な敗北であった。知久平本人にとり、また故郷の親や兄弟にとり、この失敗は痛かったに違いない。周りの人に知らせなければならない。不合格の知らせをもって帰郷した。惨めな敗北者の気持ちであった。しかし、藍玉車を堀口まで引くなどして、汗を流し気持ちを転換した。上京してからすでに一年が経過した。金と時間を費やしたが希望の光はまったく見えない。今後どうするかを決めるための帰郷であった。既述のとおり陸軍も海軍もいい結果は出なかった。次は来年四月の士官候補生試験である。その時まで東京で勉強すればどうしても家からの仕送りが必要である。それの相談である。しかし中島は親に「出発ニ際シ吾ガ身上ニ関シ一ツノ相談モ無ク茫然御暇ヲ告ゲ」上京した。このたびは川俣まで歩き、ここから関宿まで利根川を蒸気船に乗って下り、翌朝七時に両国橋に上陸した。船は「通運丸」といい、この間を一日一便運航していた。運賃は三六銭であった[11]。九月六日には上京した。

すでに正田満軍曹へは知らせてあり、最も身近な相談相手の正田は一七日より演習のため習志野にいた。正田軍曹は尾島町の正田國太郎と正田伊平に連絡した。

粂吉は九月の生活費一〇円を送金した手紙で、「受験の失敗の様子を聞いた……実に残念に思う」と率直な感想を述べた。一二月から下士制度が改正され、合格はおぼつかないから、海軍機関学校を受験すべし、それに不合格ならば「直に郷里に帰り農事に付くべし」、この件につき九月下旬に上京するから、じっくり相談しよう、と書いた。

九月下旬頃知久平はすっかり落ち込んでいた。それもありうる。完全な自信をもってのぞみ、試験の出来にも満足していたのである。初めての挑戦に、挫折した。「敗後ノ惨状悲シ―哉。人ノ情タル薄萎ナル此クノ如キモノカ。屡度訴フル所アリシモ皆馬耳東風」と父親に書き送っている。彼の気持ちがよくわかるし、こんな弱気な文章もきわめて珍しい。

この落胆の葉書の後半では知久平は戸籍謄本の送付を依頼している。次の受験準備だから、そうメソメソしていたわけではない。

6　海軍機関学校の受験

知久平は次の受験を考えていた。父親に一二月までの学費を請求し、親も承諾した。その上で粂吉は来年受験の前に、今年の海軍機関学校を受験することを勧めた。正田満は今後について相談があるから、麻布に来営するよう誘った。海軍機関学校は一八七三年に、海軍兵学寮に機関科が設置されて出発した。その後海軍兵学校との合併と分離を繰り返し、一八九三年から一九二五年舞鶴に移転するまで横須賀にあった。

この年の募集要項は四月二八日に発表された。募集定員が四〇名、出願締め切りが一〇月一〇日、身体検査が一一月四日、学術試験が一一月一〇日からとなっていた。出願資格は一一月において年齢が満一六歳以上満二一歳以下（一八八二～八七年生まれ）であり、志願者は①願書、②履歴書、③戸籍謄本の書類に市区町村長の奥書証印をうけ機関学校校長に提出する。中島は資格年齢のちょうどまん中であった。

一〇月一六日海軍機関学校入学試験の願書が受理された。

正田の作戦は何としても知久平を軍人にすることである。彼は陸軍士官学校受験のために知久平を自分の上司に紹介した。一〇月末に事態が動いた。麻布第三大隊副官山本中尉に会い、その尽力により連隊長、大隊長、少佐志願者委員長に会えることになった。第三連隊長への工作のため、履歴書に必要な身元保証人を決めて、判をついて送るよう父親に依頼した。この時、知久平の海軍兵学校入学試験成績を参考にしたいからと江田島に照会したが、それは秘密であると拒否された。これはすべて「承認書」をもらうためであった。書式はないから上官のさじ加減で決まった。承認書がないと受験不可能であるから、正田軍曹は奔走した。結局承認書を下付されるためには、履歴書、身元証明書、最終学校の修業成績、承認書下付願書の四通が必要である、ということが判明した。

粂吉は正田國太郎に依頼し早速証明書、戸籍抄本を整えて送付した。その上で粂吉は知久平に、

㈠一〇月二九日の受験の理由は何か、㈡明治三七年度士官候補生募集への対応、㈢海軍機関学校受験を止めた理由、を問うている。

第三連隊の試験は二九日と三〇日であり、その前に履歴書に間違いがあり、知久平は前日の二八日に大隊副官の処から、訂正を依頼した。試験終了後今月中であれば、受領可能ということであった。そもそもこの試験は何か。知久平は「士官候補生出願に最要である入隊すべき隊長の認証書下付願いのため」、といっている。士官候補生学校入学試験を受けるための部隊長推薦書のたぐいなのである。これは部隊長により志願者が将来将校となる器か否かの資質を判断をするものである。承認書があってはじめて陸軍士官候補生に出願できるのである。昨年願書を却下されたのはこの理由である。一〇月二四日に正田軍曹が伝え、知久平は大慌てで書類を依頼した。この依頼の手紙で、知久平は粂吉に海軍機関学校は「無益なり」として、受験しないことを伝えた。翌年の士官学校試験に的をしぼったのである。

翌日、二五日には正田満は中島粂吉ならびに正田伊平宛に手紙を書いた。内容は知久平の件であり、知久平の希望は陸軍か海軍か「種々気ヲ動シタガ」、第一に陸軍入隊承認書を試験を受けて受領すること、これは一〇月三一日には判明する。第二に海軍機関学校は承認書が得られなければ受験する、の二点である。

この結果は一〇月三〇日の午後七時には判明した。三名受験者がいて二名が合格し、残念ながら知久平は、学力が「可なり良くできたが」三位であり、承認書は公布されなかった。この結果を知久平に知らせた正田は、「海軍機関学校を受験すべし」といった。しかし知久平はこの結果が承服できなかった。彼は一一月五日に野戦砲兵第一七連隊副官の河野義雄に問い合わせた。河野は野戦砲兵第一七連隊の封筒に一一月二二日に「応募者多数につき、試験により要員を満たした、遺憾ながら承認書下付できないから、願書類を返却する」と、希望にそえられない旨を返答した。しかしこれは正田の工作であったのか、野戦砲兵第一三連隊長の承認書をもらうことができた。陸軍士官学校出願の条件は満たした。

海軍機関学校の受験については知久平と正田の間には少し認識の差があった。正田は受験をすすめ、中島はためらいをみせており、それは、今度失敗したら次を考えるのは、敗北主義であるという。失敗を恐れるとすれば海軍機関学校とて同一である。自分は将校希望であり「将校の資格ある者が将校相当官」（傍点は引用者）が気に入らない。海軍機関学校は一段低いというのである。学力を試すための受験であれば、それは時間と労力の無駄というものである。これが海軍機関学校受験拒否の理由である。

正田経由の「不合格」が判明した翌日、海軍機関学校から一一月五日に身体検査を行うから、午前七時三〇分までに築地の海軍大学校内の試験場に出頭するようにとの案内が来た。知久平は気が進まなかったが、ともかく築地へ行った。今度の受験生は約一〇〇〇名、合格者は四〇名のきわめて狭き門であった。粂吉は今度も妻沼の聖天様にお参りして、お神籤を引いたら「三六番の吉」と出た。知久平は学力を試すという軽い気持ちであった。身体検査合格証が一一月五日にきた。

海軍機関学校の試験は一一月一〇日の火曜日から日曜日をはさんで、不規則に一九日の木曜日まで七日間にわたって行われた。試験日程は以下のとおりである。

一一月一〇日（火）九～一二時　代数　一～三時　算術
一二日（木）九～一二時　英文和訳　一～三時　和文英訳
一四日（土）九～一二時　漢文読解　一～三時　文法
一六日（月）九～一二時　作文　一～三時　平面三角
一七日（火）九～一二時　平面幾何　一～三時　地理、地文
一八日（水）九～一二時　物理　一～三時　化学
一九日（木）八～一二時　製図とデッサン　一～三時　歴史

一五科目を七日間にわたり、午前が三時間、午後が二時間という、とてつもない試験である。最終日の書学つまり製図は四時間にわたる。出題の程度は中学校卒業相当だから相当に難しい。受験生は試験開始三〇分前に集合し、身体検査合格証が受験票である。中島の受験番号は二五三番である。

学力試験の結果は一二月八日に判明した。「中島知久平　右ハ本校生徒志願ニ依リ本年十一月施行セシ入校試験ニ及第……十二月二一日午前八時入校式」という合格案内が中島粂吉宛に送られた。合格証は別便にて市区村長を経由しても送付された。徴兵年齢に達している者は届け出ることが注意書きしてある。そして合格が判明してなお、中島は海軍機関学校か、あくまで陸軍にこだわるか、悩んでいた。

知久平の本当の気持はどうであるか。海軍機関学校合格は「小生の栄誉実に甚だしく御座候」と素っ気ない。本来なら「喜悦雀躍入校すべきは常なれど……」と合格を喜ぶはずであったが実は「……今回の命に応ずるを得ず」と、機関学校入学辞退の気持ちを抱いていた。そして合格の結果を知った上で、知久平は粂吉に父親としての見解を聞いた。粂吉は「今回海軍機関学校入校の命あれば　是に応ずるを可とす　若し命なきときは士官学校を望むべきこと　海機を捨てることは正田國太郎、正田伊平、神仏に至るまで不可とする」と、はっきり親の立場を伝えた。

一九〇三年も一二月は、知久平にとって、文字どおり最も慌ただしい年末であった。第一は翌年の陸軍士官候補生試験願書提出と、第二は海軍機関学校に入学を決めるか、である。後者を放棄すれば、本番への受験勉強があり、これまた合格は不確実である。一二月七日には、横須賀海軍機関学校より　早く足の寸法を採って知らせよとの催促が来た。

一二月一、二日と知久平は郷里の尾島に帰り、父親の粂吉、親戚や有力者と相談した。そこで知久平は海軍機関学校入学を辞退し、あくまで陸士受験を主張したようである。知久平は「宿志を貫徹し得るの期は途前に章々たり、何ぞ男子たるもの大望を忘れ鼻前の花に目を奪われんや」と、あくまで陸軍希望を主張した。だが周囲はそれに絶対反対であった。周囲は合格した海軍機関学校をすすめた。したがってこの相談は決裂であった。

知久平の母とて同様であった。一二月一四日、母親ゑつは息子に手紙を書いた。それは「正田軍曹始めお歴々皆様の説諭を顧みず、断然入学拒否するのは心得違いというべし」、と強い調子で海軍機関学校をすすめた。知久平は母親に対して「殊に一生の頼みなれば機関学校へ入学せよなぞとは実に中島知久平が母たるべきものの言とも覚えず、一生の頼み機関学校を停め士官候補生たれとも云ふべきの所　意外の御言葉　或は御精神でも錯乱せしやをおそる」と母親をいさめた。母親を逆に説教するあり様である。

知久平に海軍機関学校をすすめたのは父や母だけではない。正田軍曹、上田曹長、第三連隊副官山本中尉、村の人々など、すべてである。知久平を支持する者は皆無であった。

父の粂吉は、知久平が頑固者で、容易に妥協しないことを知っているから、このままでは陸士受験に向かい、海軍機関学校を辞退すること、明白であった。粂吉は断固とした行動に出た。それは小林蒸吉と中島粂吉が連署して、神田区役所に陸士願書願いを撤回したい旨申し出たのである。一二月三日のことである。区役所は一六日に願書を却下する旨、知久平に伝えた。退路が断

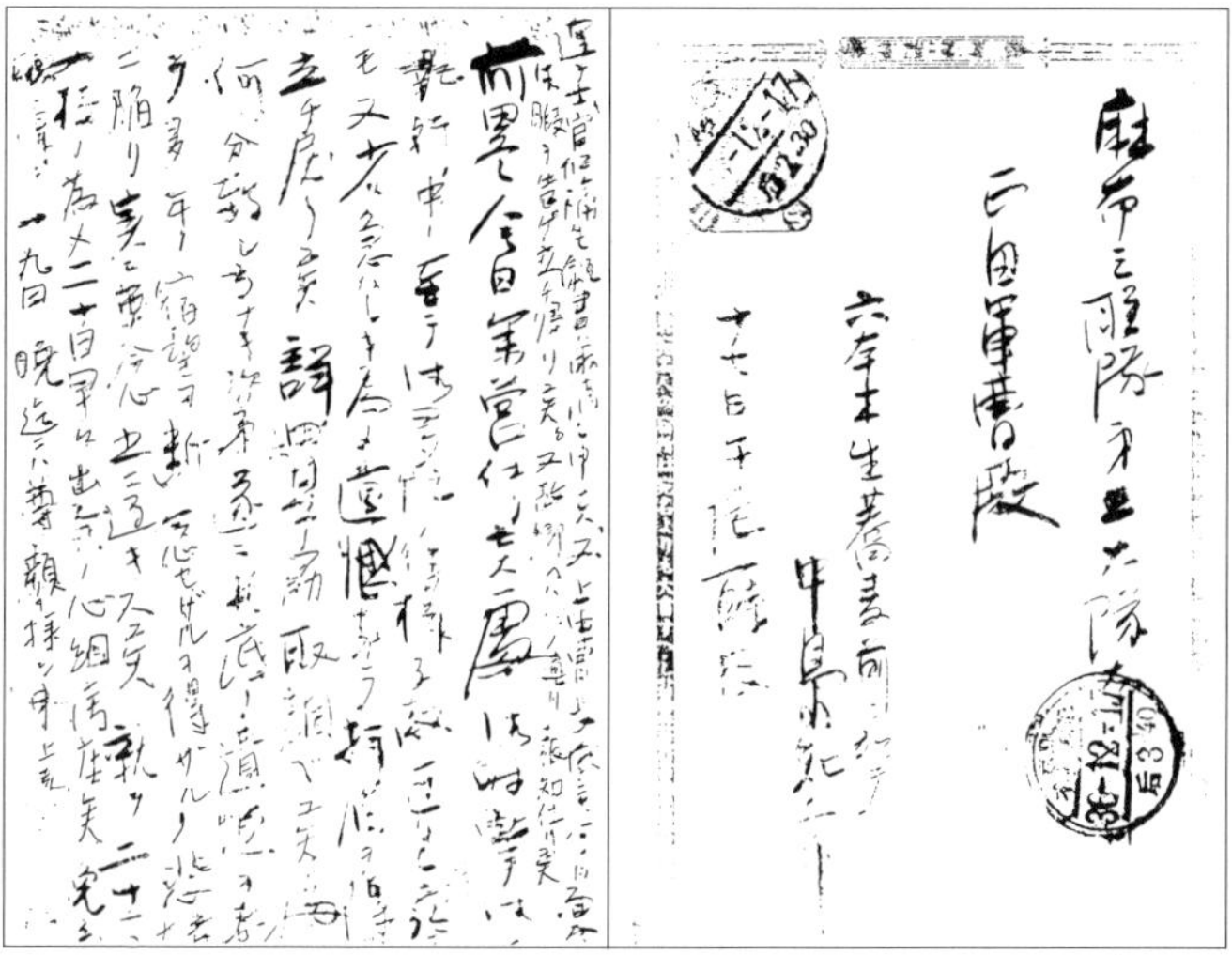

知久平から正田満宛葉書

たれた。この件で知久平は、父親の保証人は要らぬ、もう二〇歳になるのだから、自分で保証人を捜し、願書を新たにするのみ、と抗弁した。一六日には「独立独歩宿志を貫く」と、親子の縁切りのごとき宣言を発した。何という頑固さであろうか。

一二月一七日、正田満軍曹の麻布第三連隊は青山射撃場において、朝から射撃大会を実施した。知久平を説得するために正田伊平、正田國太郎、島山の三名が上京することになっていたが、これは遠慮してもらい、正田軍曹がこの競技会に知久平を呼んだ。知久平は正午頃行ったが、会えなかった。その時の気持ちを正田満軍曹に伝えたのが上の手紙である。正田に会えず六本木のそば屋前から投函した。その気持ちは

「遺憾ながら宿望を断念せざるをえない悲境」にあるというものだ。そこで「海軍機関学校へ進む」とのメッセージを残して立ち去った。午後六時五三分尾島町大字押切の中島粂吉宛に、「チクヘイカイグンニススム」との電報が発せられた。一七日正午頃に、知久平は決断した。この日がデッド・ラインであった。孤軍奮闘し、知久平は胸の内にあるすべてを言った。それでスッキリして機関学校入学を決めたのである。

進路変更はどうも退路を断たれたためだけではなかったようだ。知久平には陸軍士官候補生の願書が受理されるかどうかの心配が最後まで消えなかったためだ。それは一一月三〇日の陸軍補充条例改正により、知久平の備えた条件が不確かになった。これは関係者に確認しても、願書提出時でないとはっきりしない問題である。この願書受理の不確実性のゆえに、彼は海軍に志望を変えたのである。このことは一二月一七日の知久平から粂吉宛手紙に書いてあるとおりである。「残念無念遺憾にして二十年来の宿望全く泡沫」と。海軍機関学校は第一志望ではなく、第二志望であり第三志望であった。

入学式は押し迫った一二月二一日である。この日の入学者三八名の成績順位は、田中、古市、浅井ときて中島は三〇位であった。下から数えたほうが早かった。その後補欠として奥津、大久保らが三月一四日までに入り合計四四名となった。それに先立ち知久平はお世話になり心配をかけた関係者に挨拶の手紙を書いた。それは海軍入校間近に控え、帰郷してお別れするところを、

「海軍に投じ身を犠牲に供する」とあった。

入学と同時に毎週二〇銭の手当てが支給された。

知久平が卒業を間近にした三年生の秋、一九〇六年一一月中旬に海軍機関学校の入学試験が行われた。志願者は約二〇〇〇名であり、身体検査で一三〇〇名が不合格となり、七〇〇名が学科試験に臨んだ。知久平は日本成年男子の「弱虫」に驚きを隠せなかった。志願者の半分以上が身体検査ではねられたからである。

注

（1）群馬の教育家が書いた『高山彦九郎先生墓前日記』によせた序文である。この文は永松浅造、前掲書、四〇三頁にある。
（2）伊藤金次郎『軍人わしが国さ　上』今日の問題社、一九三九年、二一一頁。
（3）高橋敏『国定忠治』岩波新書、二〇〇〇年、を参照。
（4）日統社、前掲書、五頁。
（5）永松浅造、前掲書、三六頁。
（6）同右、三八頁。
（7）渡辺一英、前掲書、一〇六頁。
（8）同右、一〇七頁。
（9）週刊朝日『完結・値段の明治大正昭和風俗史』朝日新聞社、一九八四年、六一頁。

(10) ㈶水交会『回想の日本海軍』原書房、一九八五年、五一〇頁。

(11) 汽船荷客取扱人連合会『利根川汽船航路案内』一九一〇年、崙書房復刻一九七二年、による。

第2章　海軍軍人の時代

1　海軍機関学校生徒

海軍の幹部人材養成施設には、海軍大学校（一八八八～一九四五年）、海軍兵学校（一八六九～一九四五年）、海軍機関学校（一八七四～一九四五年）、海軍経理学校（一八七四～一九四五年）があった。海軍機関学校は海軍の機関将校を養成する学校である。始まりは一八七四（明治七）年に横須賀に海軍兵学寮分校をおき、七八年これが海軍兵学校付属機関学校となり、八一年に海軍機関学校になった。イギリス式の教育であり、最初のカリキュラムはトーマス、スキンシル、ギッシングが作成した。一時廃止されたが一八九三（明治二六）年から一九二三（大正一二）年の関東大震災まで横須賀にあった。一九二三年に江田島海軍兵学校に移り、二五年に新築の舞鶴に移転した。四四年には機関科将校の廃止により、学校は廃止され、海軍兵学校分校になった。

学校卒業後は海軍機関少尉候補生になり、練習艦隊乗り組みと遠洋航海の実習を経て機関少尉に任官した。最高に昇進して中将である。

入学試験はどう行われたか。[1]一九三三（昭和八）年度についてみると、志願者年齢は一六～一九歳で、学歴は必要ない。試験は身体検査と学術試験であり、学術試験は中学校第四学年程度の内容である。学術試験は一一月五、六、七、八日の午前と午後にわけて、代数、英語、幾何、物理、日本歴史、国語漢文および口頭試験であった。同年の志願者合計は一七一九人、身体検査合格が九〇五人で残りは取り消しや不参加や不合格であった。九〇五人のうち、学術試験を通過した者は二九六人、採用者は六〇人という狭き門であった。

入学すると生徒は海軍の兵籍に編入され、軍人として一等下士官の上、準士官の下の身分になる。生徒は制服、運動用具、食事等の必要物の一切を官給されるほか、一日一五銭の手当てが支給された。

海軍機関学校の教育は「初級機関官タルニ必要ナル知識ト軍人精神」の養成にある。その内容は大きく①訓育と②学術に分かれ、訓育は勅諭奉読などの精神教育、教練などの訓練、勤務および体育である。学術は軍事学と普通学とである。軍事学は機関、電機、工作、航空機整備、熱力学、応用力学、電気工学、機関計画、造船学、兵学、軍政、軍隊教育学であり、普通学は数学、理化学、精神科学、歴史、地理、国語漢文、外国語である。

外国語の教師としては、英語が芥川龍之介教授、ドイツ語が内田百閒教授（一九一八年着任）、フランス語が豊島与志夫教授（一九一八年着任）、数学では黒須康之介（一九一七年着任）などが教壇に立っていた（大震災で移転するまで）。芥川龍之介は一九一六年七月に東京帝国大学文科大学イギリス文学科を二〇人のうち二番で卒業した。一一月には一高恩師の畔柳都太郎の紹介で海軍機関学校への就職が決まった。職は英語学教授で報酬は月六〇円である。芥川は鎌倉に下宿し一二月一日から出勤した。持ち時間は週一二時間であった。週末には田端へ帰る生活であった。翌年二月には作家と教員の二重生活に早くも不満を持っていた。三月には『羅生門』の出版準備が始まる。時に芥川は二五歳である。その後慶應義塾就職の話が不調となり、一九一九年二月大阪毎日新聞社入社が決まった。客員社員であり一三〇円の月給プラス原稿料であった。そして三月三一日海軍機関学校を退職した。二年と四カ月の教員生活は「永久に不愉快な二重生活」であり、教科書やノートはストーブで燃やした(2)。このことからも大正時代の自由な雰囲気がうかがえる。

2　一年生－三号生（一九〇四年から）

知久平は一九〇四（明治三七）年の正月を故郷の尾島町で迎えた。親戚が集まり、友人宅へ出かけ、慌ただしかったが、新しい出発を祝う、いい正月であった。学校は三学年に分かれ、第一学年と第二学年は一月一〇日から翌年一月九日まで、第三学年は一月一〇日からはじまり四月三〇日に終える。正月があけて第一学年がスタートした。知久平が横須賀に帰って間もない二月、大事件が勃発した。

それは言うまでもなく、日露戦争の勃発である。すでに前の年から、日清露の三国は活発な外交交渉を展開していた。問題はロシアの満州進出である。その起源は日清戦争にさかのぼる。ロシアは三国干渉により日本から遼東半島を返還させ、ついでシベリア鉄道満州線の利権を獲得し、さらに遼東半島租借権と東清鉄道敷設権を獲得した。ロシアによる満州での鉄道建設は一八九八年に着工となり、一九〇三年七月に完成した。そして鉄道警備の軍隊が駐屯し、ハルビンや大連にはロシア人街が造られ、旅順には総督府と軍港が建設されていた。日本は満州に主権のある清国を介して、ロシア軍の撤兵を要求し、韓国皇帝に対してロシア人への土地租借権拒絶を求めた。

この交渉は容易にまとまらず、年末に海軍は第一艦隊と第二艦隊をあわせて連合艦隊を編成し東郷平八郎中将が司令長官に就いた。軍費支出のための財政上の準備とあわせ、英国には財政支援を要請した。日露の開戦には清国は中立とし、韓国を支配下に置くことを決めた。一九〇四(明治三七)年二月四日の御前会議においてロシアとの交渉を打ち切り、軍事行動に移ることを決定し、一〇日にロシアに宣戦布告した。すでにその前の二月八日には、陸軍の先遣隊が仁川に上陸を始め、連合艦隊は旅順港外のロシア艦隊を攻撃し二隻を撃破した。一九〇五年九月の講和条約(ポーツマス条約)まで一年余りの、困難な戦争に突入した。

日露の開戦は知久平が一九歳、受験勉強の時は、情勢の緊迫がそれほど直接的ではなかったが、今や戦争は明日は我が身の問題である。この戦争は「愈々開戦　我が忠勇の士の前に敵無し　仁川に名誉の大勝を得躍進　彼等が根拠地たる旅順の攻撃に於ける遂に敵艦三艦を戦い難くせしめんと、実に日昇国の海軍華なりと云うべし」と。新聞発表の内容を出るものではないが、海軍軍人を志す者としては、緒戦の模様に鼓舞されたこと、疑いない。郷里の友人知人も出征しているはずだ。島山騎兵はどうしているか、戦地に進んでいるはずだが。自分は「実に斯かる好機会に校内の一生として遠く他人の戦功を耳にしつつあるは大に遺憾に堪えず」と、軍人として戦場に立つ日を夢見ている。そして戦争の新聞報道に関して「旅順戦で敵艦十一は沈み九は捕えたり」は虚報なり、と断じている。戦争につきもののマスコミの勝利報道に関して、知久平は冷静であった。

入学からはや四カ月が過ぎた春の四月二三日、横須賀の大津海岸射撃場において、機関学校春期大射的会が開かれた。これは射的や芸能の競争であるとともに、生徒にはたくさんの食券が与えられた。生徒は酒保において、好きなときに、好きな食べ物、例えば餅、菓子、そば、うどんなどを食べることができた。楽しい春の一大イベントであった。

そして四月末には定期試験があった。四月一六日は力学である。中島のクラス、すなわち分隊は五二名である。五〇点が満点である。五〇点が七名いた。氏名は中島、田中半七、篠原芳郎、荻原喜太郎、山岸ほか二名である。親友で卒業成績第一位の古市龍雄は四九点であった。

六月の養蚕で忙しい頃、母親は病気で小泉村の実家久保家に帰って療養中であった。当然知久平の弟妹が重要な働き手となった。六月九日は演習であった。朝四時、生徒大隊司令より「千葉に敵が上陸し佐倉まで占領され鉄道が破壊されている」、という想定の演習があった。知久平の生徒隊は敵を撃滅しその地を占領せよと命令を受けた。朝五時には仮装砲艦横須賀丸にて横須賀を出発し、一一時半には千葉市に進出し、午後五時三〇分には成田を占領した。この日は成田泊である。七月のある授業はこうである。それは鉄砲担ぎや剣術は行わず、生徒を海の中へ突き落とし、塩水飲みの練習である。知久平のように「利根川の端でぴちゃぴちゃして居りし者には誠に骨が折れる」（正田佐吉宛）ことであった。もちろん飲まないで済めばそれに越したことはない。手荒い訓練である。

知久平は七月二三日から二五日まで千葉の館山において上陸演習中であった。

このとき正田満軍曹は日露戦争に出征した。しかし九月二〇日、水師営の戦闘で戦死した。曹長に昇進した。

規則では夏休みは七月二一日から九月一〇日までとなっていた。この年の夏休みは八月一日から九月一〇日までの四〇日間である。帰郷を前に弟や妹は日露戦争の本をお土産に欲しいと、リクエストした。門吉は旅順海戦唱歌の本を頼んだ。父親は家計赤字につき、秋蚕で穴埋めするから、土用休暇は手伝うように、言ってよこした。帰省を前に、知久平は粂吉に対して、交通費と雑費として五円、軍服を入れる鞄購入費二円、計七円を要求した。初めての帰省であるから、

「御地の小生に対する感触は如何」と、評判を気にしている。手みやげの格と数を聞いている。その費用も送れというのだから、知久平も調子がいい。

知久平は最初の長い休暇を故郷で過ごした。帰省の途中に富士登山をしたらしい。知久平は弟たちの面倒を見たり、農業を手伝ったり、友達と旧交を暖めたりして過ごした。隣の世良田の祇園祭もあった。

知久平は早めに横須賀に帰った。八月三〇日、尾島町押切りを早朝に出て、小島村で渡しにより利根川を越え、妻沼に着いた頃は大雨になった。渡船賃と妻沼－熊谷間の車代計二五銭は島山輝吉が出してくれた（粂吉に三〇銭渡すよう依頼）。熊谷を午前九時〇分の鉄道に乗り、一一時頃上野に着いた。豪雨はなお止まないため上毛館にも立ち寄らず、上野－新橋間は車に乗り、一二時三〇分に新橋を出て午後三時には横須賀に着き、倶楽部（仲間の共同利用の施設）に泊まり、翌日身体検査を受けた。親から五円貰い、交通費と雑費で二円七〇銭を使い、一円の借金を返し、残金は一円三〇銭になった。

今度は粂吉が病気になってしまった。知久平が横須賀へ帰る頃、粂吉は食事もできるようになり、外の空気を吸いに散歩するようになった。病身の身にとり、最愛の息子が勉強のためとはいえ、家を離れることには寂しさを覚えた。粂吉は別れに際し、特別のことがない限り手紙を書かない、といって別れたが、九月一四日早速手紙を書き、「家のことは思わずに、奮励勉強に力を尽くして来る大試験には優等を奪え　汝の名誉は我が家の名誉である」と書いて知久平を励ました。

一二月五日日本軍は二〇三高地を占領した。この時知久平は「大試験」を戦っていた。それは一一月二八日から一二月九日までである。試験は一日一科目、午前八時から一二時までの四時間という、長時間である。試験場は厳粛な空気に満ち、試験監督は正装して銃剣をつけており、生徒は軍服着用である。「大試験」の所以である。

前半の日程には思い違いや書き違いなどケアレスミスがいくつかあったが、後半には「予定を少しも狂わず実に満足」との感想を得た。自信たっぷりである。結果は一九日に発表である。試験と冬休みまでの間の、一二日は野外発火演習である。行く先は鎌倉と江ノ島である。そして一二月二一日から二〇日間すなわち一月九日までが冬休みであり、帰省許可が出ていた。この頃の知久平は高山樗牛やニーチェの著書を読んだ。その影響は大きく中島は「超人と強者の文化建設」を肯定し、「強即善」という哲学に到達したという。

3　二年生－二号生（一九〇五年）

知久平が海軍を捨てて陸軍を選ぼうとしたのは、一一、三カ月前のことであったが、今はそれは嘘のようであった。日露戦争では日本海海戦を前にすでに旅順の攻防戦に勝利していた。一九〇五（明治三八）年三月には次のように父親に書いた。

一つは三月五日、父親宛の手紙で藍玉が売れたことを喜び、水師営の戦いで戦死した正田満が金鵄勲章ともう一つ勲章を与えられたことを知った。そして「持金を尽くし目下厘なし」の金欠状態であるから、五円の送金を頼むのである。日露戦争で最大の陸上戦闘は何と言っても、旅順総攻撃である。これは一九〇四（明治三七）年七月三一日から始まり、一二月三一日に旅順要塞が陥落した。一五五日の攻防のピークは二〇三高地攻撃であった。攻撃を敢行した第三軍司令官乃木希典中将は自身二人の息子を失い、のち戦場を訪れ「山川草木転荒涼」と詠んだことは、余りにも有名である。日本軍の死傷者は五万九〇〇〇人を数えた。一月五日ロシア軍旅順司令官ステッセルは水師営において会見し、すべての戦闘行為を中止した。引き続く大きな戦闘は奉天会戦と日本海海戦である。

もう一つの手紙では日露戦争の戦報は皆海軍の勝利を伝え、ロシア艦隊は抵抗力を失い、旅順港に閉じ込められ東海の海権はわが手に帰したから、勝敗定まった、と書いた。「機関官の功勲大なり」と今次戦争における海戦の意義を高く評価している。そして機関将校は身分においても海軍少尉から海軍大臣になれると鼻高々である。彼は学校からの給与のほかに家から月当たり五円の小遣いをもらっていた。その要求は「海軍士官たる子を拵える事は実に我が中島家の一大名誉である、否押切での、否尾島町での、否新田郡での、否群馬県での珍らしものを揃えるのは実に名誉である、名誉を荷ふには従って多少の資金も要する、さぞかし交際費もかかるだろう、よし送ってやれ｜と心持良く御下賜あらん事を願うのである」という理屈である。この無心の手紙に親はどう思ったであろうか。

春恒例の一大射的大会が今年も大津村海軍射的場において開かれた。この競技会で知久平の得点は断然他を引き離して優等賞を獲得し、栄誉の徽章を与えられた。第二分隊長山崎機関小監を中心にする記念写真が分隊室に飾られた。こうして知久平は文はもちろん、武においても優秀な成績を上げていた。

五月一八日は春期演習の一日である。朝四時三〇分に横須賀丸に乗船し品川に向かったが、大暴風雨に会い、船は木葉のごとく左右に三〇度傾き、全員が船酔いし「吐声満艦たるの光景」があらわれた。船からは横浜にて下船し、ずぶ濡れになって午後六時川越に着いた。

六月の実家は養蚕の季節、桑代として三五〇円分買い入れた。大規模に蚕をやっているが、差し引き利益は「誠に少々」であるが、要求に応えて、五円を送った。知久平は天候不良で養蚕が悪いことを知っているのみならず、毎日新聞室で世界の蚕報を読んでいた。

門吉と喜代一から手紙をもらい、養蚕の模様を知らされた。それは「大好結果」である。近所の様子も知らされ、病人にはお見舞いの手紙を書いた。そして父親には「昨夏大病」を気遣い、養蚕を程々にするよう忠告した。知久平は夏期試験が迫っていたから、勉強にも励んだ。

九月五日、日露講和条約（ポーツマス条約）が結ばれた。国民はこの条約に反対であったから、同日日比谷での講和反対の集会は暴動化し、交番や新聞社が焼き打ちにあった。九月一杯は国内のあちらこちらで講和反対の集会が開かれた。

一九〇五（明治三八）年一〇月半ば、知久平は極めて忙しかった。第二回試験があるし、秋期大運動会がある。一〇月一四日にはそのひとつとして、短艇《ボート》競争があり、知久平は第二分隊漕艇《ボート》選手の一人であった。選手は栄養補給に毎日生卵を食べた。

二三日は大観艦式が東京湾において実施され、機関学校生は仮装巡洋艦日本丸に乗務する。

第一回観艦式は一八九〇（明治二三）年神戸港にて行われた。参列艦は合計一九隻、三万三四七〇トンであった。第二回は一〇年後の一九〇〇年大演習ののちに同じく神戸港であった。合計の艦数は四九隻、一二万三八二三トンであった。第三回は一九〇三年に対馬方面における演習ののち神戸港で行われた。参列は軍艦が三二隻（二〇万九二〇一トン）、駆逐艦一四隻、水雷艇三一隻の合計七七隻であった。年々大規模になった。

第四回が一九〇五年すなわち、このたびの横浜沖の観艦式である。二二日に横須賀の基地を出航し、二三日は観艦式にのぞみ、二四日に帰港した。この催しには江田島の海軍兵学校生徒も参加した。これは日露戦争の勝利を祝賀するもので、東郷連合艦隊凱旋のために明治天皇が臨席し、外国からは英国艦隊や米国軍艦も参列した。軍艦一三隻（一三万四七七五トン）、仮装巡洋艦一二隻、駆逐艦二八隻、水雷艇七八隻、潜水艦五隻、など一六〇余艘が白波を分けた。横浜の海岸沿いからの花火を合図に九時四五分御召艦浅間より礼砲が轟き、ついで各軍艦はいっせいに二一発の礼砲を発した。イギリス艦隊もこれに合わせて礼砲をならした。『大阪毎日新聞』はこの模様を「轟々殷々、山海ために鳴動し、沖合い遥かに認め得る艦体は、白煙に包まれながら発砲の度ごとに火光閃々、電光のごとく映じ、その壮観いわんかたなかりし」（一九〇五年一〇月二四日）と書きたてた。昼間には耳を聾せんばかりの轟音がひびきわたり、夜は花火とイルミネーションにより各艦を飾り立て、サーチライトが夜空を照らした。知久平はこれは空前の見せ物だから、ぜひ両国あたりから船で見物するよう、粂吉にすすめた。

粂吉は上京しなかったが、その様子は新聞で読んだ。

一二月九日が定期試験の最後の日である。この日までの一カ月は試験勉強に没頭した。ハードな勉強にもかかわらず、すこぶる健康で体重は約五五キロであった。一六日が試験成績発表と修了証書授与式である。一七日から二〇日まで野外演習で、二一日から冬期休暇に入る。知久平は二一日は親友と東京に一泊し、翌二二日の一番列車にて上野を出発し、妻沼に午前一〇頃着いた。妻沼から小島渡船場まで行き、小舟で利根川を渡り、尾島のわが家に着いた。

4　三年生―一号生（一九〇六年）

この冬は横須賀でも寒く、一月二七日に一二センチの雪が積もった。この年から海軍機関士制度が改められた。機関士ではなく機関官となり、階級は少尉、中尉、大尉、少佐、少将となる。制服の腕章は二本線に丸になった。

一九〇六（明治三九）年四月二九日から五月一日にかけて野外演習があった。全部で五日間の計画である。二九日に横須賀を出発、厚木にて舎営、三〇日に厚木から八王子まで行軍し宿営、五月一日に東京築地の海軍大学校に戻り、軍服を脱いで武装を解き、礼装してから解散し、自由に宿泊、二日午前七時に海軍大学校に集合し、靖国神社大祭に参列し参拝する、そして解散し各自東京泊、三日横須賀に帰る。

知久平は東京での自由時間に正田伊平と会うこと、また上京後初めて泊まった小石川の宮下宅に泊まろうかと考えた。しかし演習は金がかかる。一人一晩当たり次のとおりである。

菓子代二〇銭　果物一〇銭　肴二〇銭　酒二〇銭　計七〇銭

知久平の第三分隊は二八名である。七〇×二八×二＝約四〇円になる。そのうち知久平ら三年生が八名であり、彼らが下級生の分を持つ習わしであった。三年生は一人当たり、五円の負担になる。東京での宿泊費と合わせて七円を送ってもらった。

この演習で知久平は「南軍」指揮官兼中隊長を務めた。一日は八王子から国分寺まで歩き、ここから新宿まで汽車に乗った。海軍大学校を解散した時刻が午後四時半、これより小石川を訪ね正田伊平に面会し、一泊した。二日は築地から日比谷、皇居の二重橋前から九段を経て靖国神社に参拝した。夜は芝区の有信館に泊まった。三日は午前八時に築地の大学校に集合し、品川まで歩き、品川沖から横須賀丸に乗船、午後四時に帰校した。

九月末になると尾島町は藍の手入れに忙しかった。

知久平は一〇月一三日が秋季ボート競争会の日、一〇月一六日が軍艦「薩摩」の進水式である。ボート競争のために、生徒の各分隊は選手を選び、練習に精を出した。練習費と大会終了後の慰労会費は分隊当たり三〇円を要するが、それは全部三年生が負担する習わしであった。知久平の分隊は三年生が八名であるから、一人当たり四円を負担した。なぜボートレースに金がかかるのかといえば、それは練習で疲労するから栄養をつけるためであり、卵一個が三分五厘するのである。

一二月の冬休みを知久平は熱海か湯河原の温泉で過ごそうとしたのか、尾島の島山輝吉が温泉案内をよこした。その手紙によると一泊賄い付きで三五~四五銭であるという。それというのも、ちょくちょく帰郷しては、近所にも家族にも飽きられるからだし、なお卒業を控え、休暇ではなく「勉強して窮日《キュウカ》」にしようというのである。そこで過ごすための衣類、すなわち綿入れ、羽織、足袋を母親に頼んだ。

結局知久平は学生最後の冬休みを、温泉ではなく葉山の小ぎれいな別荘を親友の古市龍雄と共同で借りた。一二月になっての野外行軍と発火演習を終え、試験成績発表が済み、証書授与式が一九日、その後二一日から休暇に入る。ここは葉山村森戸守谷で海岸に近く、かつ「近所は偉い御方の御別荘」であった。こんなところで勉強し、休養するつもりである。そのために親には金と衣類を送れというのである。

金額は下宿代が二〇日で一〇円、小遣いが三円、計一三円、うち学校支給金（週給は七〇銭）が四円、したがって親から九円送ってもらう必要がある。加えて行軍の費用に二円必要だから、合計一一円を送金するよう頼んだ。そして知久平の常套句であるが、この金は大金であるがいずれは一〇〇円にも、一〇〇〇円にもなるのだから無駄ではない、と大見得を切る。

一九〇五年頃に、機関学校生徒宛に親から送金したお金が紛失する事件が頻発した。知久平は三月二五日の葉書で今まで粂吉に送金を依頼したらすぐ送ってくれたのに、いまだ入手せず心配だ、「往々学校用の使丁等の手により為替を失う者」がある、調べる必要があるからいつ送ったか知らせよ、と書いた。

5　卒業（一九〇七年）

一九〇七（明治四〇）年正月には知久平は粂吉宛に年賀状を出した。それは「薩摩」進水記念の年賀状であり、帰省しなかった。

生徒長は金銭窃取問題を学校側に訴え、機関学校が乗り出し、父兄宛に手紙を出した。これから生徒の父兄は、金銭を機関学校専務監事宛に送り、専務監事は郵便局で為替を現金化し、生徒に渡すことになった。その結果、金の抜き取り事件はなくなった。知久平は生徒長の一人として問題の解決にあたったから、粂吉が旧来の方法で送金したとき、知久平はそっくり送り返して、再度専務監事宛送るよう依頼した。知久平は「生徒長たるものの家庭の重みが下がります」と、原則的態度を保った。まことに模範的生徒であった。

この四月には卒業である。最後の卒業試験があり、その前にはいくつもの小試験が控えていた。知久平は「是非一番で出たいものです」また「雄角を多象の上に秀揚せんと」、「決勝点とも言うべきときは愈々今日来れるなり　今回に於て誤るときは百日否々一千日の労は水泡」と試験に臨む決意を伝えた。学校の講義は三月一六日ですべて修了した。それから試験日までが復習の期間であった。

卒業試験は三月二五日から四月一三日まで、いつもの大試験同様に長時間、長期間にわたるから、頭も体も疲労困憊した。疲労回復のため栄養をつけたが、知久平は毎日生卵を一〇個飲んだ。この代金が三～四円になった。しかも睡眠時間確保のために深夜の勉強は厳禁であった。したがって試験には、普段の勉強、試験期間の能率的な勉強など各人固有の能力が試された。その能率は一時間当たり四頁を記憶するのが普通であるが、この試験では一時間六〇頁を記憶しなければならないし、知久平はよく覚えた。それも桜が散り始めた四月一三日には終わった。

四月一五～一七日の三日間はゆったりした気分で東京見物である。上野や向島を訪ね、博覧会を見物した。一七日に横須賀に帰ってから、二六日までは何の用事もなかった。四月二六日が卒業式である。

卒業式には学校から卒業生の身元保証人にあててすなわち、中島粂吉宛招待状が届けられた。もちろん東郷平八郎元帥はじめ海軍大臣、海軍首脳部や貴族の生徒父兄らが出席した。知久平は父親に、自分が肩身が狭い思いをすることのないように、「充分にめかして御出の程を」と、言った。卒業式ののちは、少尉候補生になり、練習艦に搭乗し遠洋航海に出ることになっていた。これを実務練習という。これは四四名の機関少尉候補生が軍艦「明石」と「須磨」に二二名ずつ分乗し東アジアを巡航するものである。「明石」は一八九九年に横須賀造船廠で竣工した三等巡洋艦である。排水量は二八〇〇トン、出力は八〇〇〇馬力、速度は一九・五ノット、日露戦争と第一次世界大戦に従軍した。「須磨」は「明石」の姉妹艦にあたり、一八九六年に横須賀造船廠で竣工した三等巡洋艦である。排水量は二七〇〇トン、出力は八五〇〇馬力、速度は二〇ノット、日露戦争と第一次世界大戦に従軍した。

「明石」艦長は橋本又吉郎、「須磨」艦長は臼井幹蔵であった。航海中に学ぶべきことは以下のとおりである。

1．操縦法

一、汽醸《(ママ)》および焚火法　二、運転法　三、応急作業　四、諸補助機械および諸装置の操法

2．整理法

一、調整、解装および検査法　二、保存法　三、修理法　四、応急準備　五、需品の処理

3．実験法

一、機関および諸装置の効力に関する実験

4．部署および配置

一、艦船における現実施の部署および配置

5．勤務

一、勤務

6．右の五教科以外に実施した項目がある。

一、汽罐交通併用操法や出入港に際しての機関の操縦法などの技術

二、炭鉱視察や造船術などを含む一六回の講話

三、見学は各寄港地で実施され、横浜での海軍省見学などから始まり、全部で三四箇所が予定された

7．航海の最後は八月八日、清水到着である、ここで四日間の試験があり、練習航海は終える

軍艦「明石」に配置されたのは以下の生徒である。

古市龍雄　中島知久平　大津秀男　中尾金房　国生　清　松村貞雄
萩原喜太郎　小森次郎　釣　三郎(3)　飯村重道　篠原芳郎　前島喜美蔵
新井銀之助　多田永昌(4)　布野　英　小松虎次郎　甘木穆貞　渡辺清吉
田坂信一　関口省三郎　米山多茂知　山岸従之

軍艦「須磨」に乗船した人物は以下のとおりである。

氏家長明　田中半七　風間豊平(5)　川原　宏(6)　佐藤七太郎　浅井保治
奥津　清　岡田正三　角　佐七(7)　長谷川貫一　佐藤桂助　田中宗三郎

横尾道春　星野慶末　澤田倉三　関東一郎　大久保永　樋口遠吾
伊藤一忠　中村寛治　桜井春郎　大曲恒介

二艘の軍艦は四月二五日海軍機関学校卒業と同時に横須賀を出発し、横浜を経て瀬戸内海に入り、四坂島、呉、徳山、博多、佐世保、長崎、基隆、マカオ、香港、上海、旅順、大連、仁川、竹敷、舞鶴に寄航した。全日数は一二一日、碇泊が六九日であり、その各地では一日から数日滞在し、海軍施設、軍需産業、造船所、満鉄などに加えて、ソウルの王宮や京都御所など観光施設も見学した。航海中の事故は炎暑による休業者が出たり、布野英が腸チフスで病死したことである。だが海は穏やかであり、「須磨」の臼井艦長は「船暈ニ対スル習練ニ就テハ聊《いささ》カ欠クルコトアリシモノト認ム」(8)と船酔いのない平穏な航海であった。航海の最後は試験である。清水の小学校校舎で八月一二日から一五日まで行われた。科目は操縦法、整理法、実験法、部署および配置であり、それぞれ午前七時半から三～四時間すなわち一一時半までである。試験の対策には二日間の温習時間（おさらいの時間）が与えられた。

橋本「明石」艦長は出羽海軍教育本部長に対し「候補生ノ態度並ニ品性ノ佳良ナルハ其胚胎スル処多クハ機関学校教育ニ倚ルヘシト雖モ亦指導其法ヲ得且ツハ本年取タル航路ノ如キ輓近曠古ノ大戦場多ク其ノ見聞ハ亦精神教育上ニ及ス処大ナリシト信ス而シテ本官ハ茲ニ此重大ナル任務

ヲ了スルニ当リ両艦諸員ト共ニ深ク光栄トスル処ナリ」[9]という意見書を提出して航海はすべて終了した。

この年の暮れ知久平は呉におり「常磐」に乗務していた。一月一日から一〇日まで正月の休暇であり、郷里には帰らず、呉で過ごした。

6　一九〇八年

一九〇八（明治四一）年一月一七日に少尉に任官し、また軍艦「石見」に乗ることになった。「石見」はロシアの造船所でつくられ、「アリヨール」と呼ばれ、排水量は一万三五一六トン、出力は一万六〇〇〇馬力、速力は一八ノットである。ロシア第二太平洋艦隊に属したが、日本海海戦で捕獲された。そのさい下瀬火薬により大きく破損した。第一次世界大戦に従軍した。少尉任官の辞令をもらった知久平は、その時呉におり、「今日此の光栄を担ふを得しは原本を探ぐれば全く正田佐吉様を始め伊平様、輝吉様、國太郎様方の誠実にして赤熱なる御愛慮御尽力に依るもの」と、四人に心から感謝の意を抱き、辞令とともに故郷に送った（二月八日）。

四月四日に呉港を出発、沖縄、台湾、中国と廻り、同二一日に佐世保に入港した。同二七日に佐世保港を出て鎮海湾に向かい五月一五日まで現地に滞在する。そして佐世保に帰るのは五月二

七、八日頃である。

六月「石見」は修理のため呉に寄港した。しかしこの時艦内に伝染病が蔓延し、「似の島」に船もろとも隔離された。期間は四週間である。七月二一日から夏休みであるから、この夏は故郷には帰らない。

八月知久平は「石見」に乗船していた。これは呉を基地にしたから、知久平は故郷から遠く離れた。夏休みは八月一五日から一五日間であり、知久平は九州に遊んだ。夏休みを終えて、八月二九日に帰船した。「石見」は一〇月一日に艦隊を組み東京湾に入る予定であった。一〇月半ばより東京湾で大演習が行われた。

しかし「石見」の属する第一艦隊は攻撃隊であるから、東京湾には立ち寄らない。一二月二〇日から冬期休暇に入る。

翌年四月知久平は軍艦「薩摩」に乗船するようになり、横須賀を基地とした。「石見」はロシアの戦利船であったから旧式であり、「薩摩」は横須賀製で、知久平は「一等戦艦、大きさと強さは世界一」と自慢した。「薩摩」乗船中に彼は発明をし、特許を申請した（本書九三、九四頁参照）。「薩摩」は一九〇六年横須賀で竣工した。排水量は一万九三五〇トン、出力は一万七三〇〇馬力、速力は一八・三ノットで第一次大戦に従軍し、ワシントン条約により除籍された。竣工時世界最大の軍艦として「ド号」に比肩しうる日本軍艦国産化のシンボルであった。

この年一〇月一一日に知久平は中尉になった。この頃「貧乏少尉、やりくり中尉、やっとこ大尉」という俚言があった。任官直前の九月に彼は中尉について研究した。以下に全文を引用する。

「中尉中の間は軍人にとっては恰も建物の基礎を握へる時と同じである　一生の運命は実に此の間において大体に定まると言うて宜しい　何ぜと言うのに厳律なる階級制度に依って執務権限が与えられ其の定囲内で働かなければならないのと且つ執務が又準規則的にて同階級のものは皆同じ事を行う以外に発展することの出来ない吾人社界では　人物の高下の区別は単に信用の如何にあるのである　その信用なるものは又社会によりて種々に別たれるものであるが　吾人社会の信用は知識と手腕に加ふるに階級と片《（ママ）》書きとが必要である　そして極く一部分即ち身辺に対する信用は知識と手腕とであるが大体に徹貫《（ママ）》的信用は先ず第一に片書きが尤も有力らしい。

人格的論法より叶けば片書的階級的信用や同情集握的策は甚だ卑拙ではあるが実際的に且つ冷静に頭を曲ぐれば日を追って生存競争の劇しい今日に出た生物はやはりそれに対する攻防策を第一に構《（ママ）》ずるのが順序的で又有利である。攻防策も上手にやれば其の間に立ち人格は決して傷つけずに保ち得る。

そこで片《（ママ）》書、知識、階級は信用の原《（ママ）》であって信用は攻防戦何れにも利用し得て完全の武器である。

所で此の武器は有効で〔一行不明――引用者〕影響する。故に一時晩ければそれだけ味方は不利の地に立つのである。

そして此の武器を得るのは中尉の時が尤も好時期であって此の時を失すると言ふと取れないものが出来る　そーすると中尉の時は此の武器を収むる時と考へなければならない。斯く定った上は此の大切の時は迂闊には過せない。一生涯の中で尤も奮励すべき時である。此の坂を甘く越ゆれば先ず一生の残りは他制的潮流でおまけに追風で行ける事は目に見えて居る。

推進器に色々種類がある通り此の武器にも種類がある「スクルー」「パットル」「ロ」「カイ」「サオ」等の種類あると同じく此の武器にも種類があるから　第一に自分の将来の航路を定めて後に之れに「スクルー」が適するか「サオ」が適するかを考えて撰ばなければならない。此れ等の点を想合《(ママ)》して箇条的に示せば先つ次の如くである。
一　航路方針
一、計画家
斯く定めた上は航路に障害するものは何等の嫌なく一刀両断の挙に出ずるの決心を要する。
二、武器
(イ)　階級〔之れに対しては多く力を要せぬ自然に任せてよろしい〕

(ロ)　知識手腕
是れは専ら注意《ママ》周到なる読書に侍《ママ》つの他はない。実地的としたがある程度以上は機械室にへばり付きて同じ事を繰返す
(ハ)　片書き
中尉時代に於ける準備は英語だけで沢山である　その他のものは（ロ）が自然に備えて呉れる。
九月二〇日の感想」

これは公にするためのものか、また勝手に自分の生き方を示したものか、いずれにせよ、知久平の生き方である。中尉の正式な任官は一九〇九（明治四二）年一〇月一一日であり、九月のこの頃すでに内示か何らかの予想があったに違いない。軍人としての人生で最も大事な時期だから、しっかりやるように自らを励ましたのである。

一九一〇年三月一日中島は六番目の船「生駒」に乗った。そして「生駒」に外国行きが命じられた。それは五月一五日からロンドンで開催される日英博覧会に出席し、かつ日英同盟下にある両国の親善を図るためである。

日英博覧会は一九一〇年五月一二日開会の予定だが、英国皇帝エドワード七世が崩御のため一

四日にセレモニーなしで開会した。日本側の予算は二〇〇万円、名誉総裁は伏見宮貞愛親王《フシミノミヤサダナルシンノウ》である。会場はロンドンのセパードブッシュであり、面積は一六万八〇〇〇坪の広さに陳列棟や日本庭園が作られた。相撲やサーカスなど四〇種ほどの余興が期間中演じられ、また台湾から高地民族、北海道からアイヌが派遣された。一〇月二九日に閉会した。英仏博覧会の入場者より一八万人を超過し、合計は六〇〇万人に達した。台湾茶、日本茶、御木本真珠、安藤七宝は専門店を開き、日本産の出品を契機に英国商人からの取引申し込みがいくつも寄せられた。

またアルゼンチンの寄港もひとつの目的で、アルゼンチン独立一〇〇年祭に参列する。出発は三月一五日である。中島は委員として博覧会を正式に訪問する任務があった。このことを佐世保の駆逐艦「白露」で知った古市は中島に「御栄転を祝します」とお祝いの言葉を伝えた。そして「珍しいこと、新しいこと」を吸収して、自分にも教えてくれと、壮健なことを祈った。

一等巡洋艦「生駒」は距離にして三万一〇〇〇余マイル、期間は八カ月の航海である。横須賀の出航は三月一五日午後一時三〇分であった。巡洋艦「生駒」は常備排水量が一万三七五〇トン、乗員が八三四人、兵装は三〇センチ砲が四門など、出力は二万五〇〇〇馬力、速力は二〇・五ノット、呉海軍工廠において、一九〇八（明治四一）年三月に竣工した。(10) 第一次世界大戦に従軍し一九二三年除籍となった。

英国ではポーツマスに寄港した。市当局の大歓迎を受け、路面電車は乗車賃が無料であった。

中島は「生駒」がヨーロッパ滞在中に二週間の休暇を願い出た。「自分は珍しい外国に来たのであるから、単に艦だけの普通の任務だけではとても残念です、この艦が港々を巡航している間に、是非とも見学したいものがあります。自費で以って見学いたしますから二週間の御暇を戴きたい」と艦長に願い出た。

これが勝手な行動であることはいうまでもない。「中島は怪しからぬ奴だ、……艦を外にして自分一人勝手な行動をするとは不届きだ」と批難された。団体行動で任務を帯びての派遣であるから、批判は当然だ。まさしく常軌を逸した中島の行動である。艦長はしかし中島の熱意に応えて許可を出した。司令官は伊集院中将（伊集院五郎は一九一〇年一二月に大将、一九一七年五月元帥になる。日露戦争では軍令部次長として作戦全般を指揮した。一九〇八年第一艦隊司令長官、一九〇九年軍令部長となる）である。

中島はロンドン滞在中の七月二〇日に、Aihara（相原四郎）大尉から手紙をもらった。手紙は中島の上司の宇佐川少佐と生駒艦長に中島のパリ行きを許可するよう依頼するものであった。ヨーロッパでパリは飛行機の先進地であった。パリでの行動は飛行機と発動機工場、飛行学校などの見学と情報収集に費やした。千載一遇のチャンスを、物にしたのである。中島を案内した相原四郎はこの時ドイツに留学していた。そして日本に帰ることなく交通事故で死亡した。

八カ月といえば帰国は一〇月になる。この航海中にアルゼンチン、ブラジル、フランス、イギリス、イタリー各地を訪れ、歓迎会や博覧会などに出席した。中島は運動不足のため、だいぶ太った。古市は旅順第一〇艇隊で水雷艇に乗っていた。古市はホームシックのため飲食や遊興が過ぎ体をこわしていた。体はやせた。八月一七日の手紙で「飛行器《（ママ）》は如何」とたずねた。

一九一〇年一一月には帰国し、一一月二〇日午後一二時三〇分から呉市長による歓迎会が呉座において開かれた。知久平は出席しなかった。

一九一一（明治四四）年一月二二日、駆逐艦「山風」は長崎三菱造船所で進水式をあげた。「山風」は一〇三〇トン、一四一人乗り組み、速力は三三ノットと軽快であった。中島知久平はこのとき第九艇隊に属し、式に参列した。彼は大きさや速度を単純に喜んではいなかった。「従来の駆逐艦は再び水雷艇化しさらんとす。社界《（ママ）》競争の進展はかくの如くにして遂に止まるところを知らず。人は自ら困難に投じつつあるに候」と思った。あるいは呉海軍工廠造機部の宮川機関中佐には、「斯くして駆逐艦「デストロイヤー」は実現致し候、事物日に新しく、技術科学の進歩は只大なりと云うの外無之候。然し乍斯くの如き進歩は、進歩には相違なきも、所詮、社界《（ママ）》自らが知らず知らず自らを困難の界に導く進歩たるに過ぎざるやの感に打たれ申候」。すなわち中島は科学技術の進歩それ自体、また船の大型化、高速化を単純に喜んでいなかった。「進歩とは困難への道なり」というのは、社会発展の弁証法である。

一九一二（大正元）年発布の海軍省艦艇類別標準によれば、「軍艦」とは「戦艦」（一万トン基準）、「巡洋戦艦」、「巡洋艦」（七〇〇〇トン基準）、「海防艦」（七〇〇〇トン基準）、「砲艦」（八〇〇トン基準）の五種類であり、駆逐艦は一〇〇〇トン基準、水雷艇は一二〇トン基準である。さらに潜水艦がある。水雷艇は魚形水雷を発射する。

一九一一（明治四四）年中島は海軍大学校の生徒である。五月九日巡洋艦「出雲」に乗り換え、二二日に分隊長心得（分隊長は大尉職、中尉は心得）に命じられた。人の上に立つようになり多忙を極めたが、いよいよ飛行機の研究に熱が入った。そこで中島は海軍大学の選科学生を希望した。この学生は一～三年の学習期間を与えられた。中島は上司すなわち「石見」の時の分隊長であった岸田東次郎艦政本部機関大尉に手紙を書いた。岸田は中島の才能を十分に認めていたから、早速話を大橋機関大佐（艦政本部第四部課長）にあげて、推薦方を依頼した。大橋は艦政本部長と教育本部長の協議をまとめ、ここに中島の希望が実現した。もちろん中島の研究課題は飛行機であるが、中島を推薦した岸田と大橋は少し違った。海軍当局は「飛行機としては範囲狭き故内火式機関とされては如何との話有之且又同機関の研究者を目下養成する儀《ママ》も有之次第」（岸田大尉の手紙）との思惑に一致したのだろう。海軍は中島に軍用の内火式機関の研究を期待した。七月二六日に海軍大学校において一年間を過ごすことを命じられた。七月一九日に大橋大佐からも「おめでとう」の手紙をもらった。

大学は九月一日に始まる。生徒といっても、中島は授業を受けるでもなし、受けないでもない。教官から学ぶという正規の学生ではなく、先生のない生徒である。彼が学校でやるべきことは「未だ日本で知って居る人のない事を新たに研究を命ぜられたので、教えてもらい度くも知って居る人が居ないので一切書物（書物とて極めて希なり）と自分の脳味噌から出さなければならない」すなわち自由なパイオニア研究である。

書物は海外のものを、主に丸善を通して入手した。一九一二年七月三日の領収書には五月と六月に海軍大学中島機関大尉殿はドイツ語の本三冊と英語の本二冊を買い、一一円七七銭を支払っている。この金額は月給額の約三分の一に相当する。

一九一〇年八月六日、軍用気球研究会の御用係りを命じられた。麻布の下宿から中野へ通勤し、飛行船の製造にタッチした。とくに彼の仕事はその製作および発動機製作および飛行の三つである。九月には早速研究会により「ノーム」式発動機を製作することになり、中島が仲介して、石油発動機製作の経験ある横須賀海軍工廠に依頼した。話は牛奥少監から海軍工廠の大橋大佐に届いた。大橋は「外国同様のものが直ちに出来るとは保証できない」(11)といいながら手続上問題がなければ、まず実現させよう、といった。九月二〇日には「ノーム」エンジンの件で横須賀工廠造機部から技師が派遣されることになった。

中島は一九一二年七月に、大尉になりたてで、山田忠治大尉、河野三吉大尉とともにアメリカへ行った。これはカーチス式水上飛行機二機購入のためである。七月三日に横浜を出航し一二月一五日に帰国した。この間にニューヨーク州ハモンズポートにあるカーチス飛行機工場で組立整備を学び、九月からは工場近くのケウカ湖岸にあるカーチス飛行学校で操縦を学んだ。さらに太平洋岸のサンジェゴでカーチス陸上機の操縦を習った。この北米滞在中、彼はボストンに古市を訪ね、新興の自動車の町となったデトロイトにも滞在した。

中島は一九一三（大正二）年三月横須賀鎮守府航空術研究委員、五月一九日横須賀鎮守府海軍工廠造兵部部員を命じられた。一一月二三日、中島は大阪にいた。一一月一五日横須賀を出て、二五日頃には帰るはずである。この出張は大阪朝日新聞主催の飛行機大会に出場する藤原の飛行機修理を海軍省から命じられたからである。

一九一六年一一月六日、すでに中島には階級の称号はない。現在は退職準備中であり、それらの片づけに一カ月かかるだろうから、一二月から事業は「直ちに始まる段取り」にある（逗子中島から粂吉宛）。

7　結婚問題

中島知久平は弟の喜代一や門吉と違って、公式には女性に関する話がきわめて少ない。最初で最後になる話自体が、スタートから意にそうものでなかった。

中島はこの九月から学生であり、東京都内に下宿する必要があった。それが一緒に出てきた。それは一九一一年八月頃先輩の岸田大尉の紹介による大橋大佐家のお嬢さんの話である。大橋家は中島に対して、下宿を探し、引っ越しには二人の女中を派遣して部屋の掃除をしてくれた。さらに新しい蒲団一式、火鉢、やかん、炭、炭入れ、食器、茶道具、茶菓子、ランプ燭台にいたる日用品のすべてを整えてくれた。これには下宿先の夫人が驚いた。下宿の住所は芝区桜田本郷町の有信館である。

それだけではない。知久平が住み始めたら、一日に三回、大橋家の女中が訪ねてきて、「用事はないか、洗濯はないか」と身の回りの世話をした。相手のお嬢さんは、知久平には「髪はおさげで、絹子位にしか見えぬ」から、結婚にはもう三、四年必要である。岸田大尉は「婚約だけでも」との計画である。この攻勢に対して、「現下の状勢にては何とも断り難く」、しかし知久平には「当方には好都合ならざる縁談」であり、「錯誤」というものであった。しかしこれを断るのは容易でない。なぜならこの夏中島が海軍大学選科学生の応募でお世話になった本人だからである。しかし彼はこの縁談を断った。これは中島には最初で最後の結婚のチャンスであった。

このように周囲が独身の彼を放っておかなかった。長身痩軀でなく、ずんぐり型の体型であるから、風貌からは決してもてなかったが、仕事ぶりと真面目さが周囲の者を引きつけたのである。

明治末の中島は飛行機の改造と製造に着手した。それは完成し、試験飛行が待っていた。ひとつは一〇月七日のことである。改良した「新式飛行機」が完成し、試験飛行に成功した。優れた成績を残した。一〇月八日、もうひとつの「新製飛行機」は試験飛行を待っているが、これまた旧来のものと比べて大幅に進歩している、と知久平は見ていた。試験飛行が無事終わり、これらを航空母艦「若宮丸」に積んで、一〇月二六日から一一月五日まで九州沿岸で演習である。そのために一〇月九日午前一一時に横須賀を出航した。帰港は一一月一〇日の予定である。「若宮丸」からの発進は飛行機のプロペラを回転させ、舷側につるしてスタートした。この母艦は第一次世界大戦における青島攻略戦に出動した。

8　発　明

軍艦「常磐」の頃、中島知久平少尉候補生は重要な発明を考案した(12)。船が隊列を組んで航海するとき船の間隔を一定に保つ必要がある。そのため二番目以下の船は機関部の機械の回転数を頻繁に増加したり、減少したりする。機関部の士官はつきっきりで、各部を調整しなければならない。知久平は機械の回転数を司令塔もしくは機械室が自動的に調整する装置を思いついた。これは電気装置によるものであり、理論上および図面上は完璧なものであった。海軍工廠で試作されたが実用にはいたらなかった。しかし中島のアイデアは関係者の注目を集めた。

次の研究は「薩摩」（戦艦で総排水量が一万九三五〇トン、出力は一万七三〇〇馬力、速度は一八・二五ノットで戦艦にタービンをのせた最初のもので「堅級型の一歩手前」にあたる）乗務の頃である。それは焚火調整器である。船用エンジンにちょっとした工夫をすることで燃料の石炭消費を節約するものである。一般に船舶の速度はエンジンの回転数に比例し、燃費は機関の回転数の二乗に比例して悪化する。知久平は「船舶にては主機械用のみが回転の二乗に比例し、補機用は別にある不定関係を以て増減する故、炭費総量は決して回転数に対しては一定の公式的関係を有せざる」として、調整の機械により燃費節約を図ろうとした。

それはいかなるものか。「本器は此の複雑なる関係を満足せしむる為め随意調整装置を二通り付し、一方は主機械用炭費を其の船のものに合せ一方は補機用炭費を随意調整し得る如く致すべく」という仕組みである。これは船舶本部第四部の大内機関少尉にも相談し、東京什器製作所において試作され、第一の発明と合わせて特許出願の話もあった。この案件はまた船舶本部第四部で精査され、パスした。しかし中島から相談を受けた船舶本部四部の大内機関少尉は「特許を受ける必要なし」との意見を述べた。もう一人中島から相談を受けた安西喜重は「リレー」を設置すれば焚火調整器の動作に問題はない、と答えた（一九一〇年二月）。

中島は特許出願と案件の民間工場での製作について、「少尉位の身にとっては経費上及び勤務上なかなか容易ならざる事にて」と、実現の困難なことを認識していた。海軍機関部員の工夫や発明が実現する「簡便な道」がないものかどうか、もしあるとすれば部員の士気に影響するのだがという。こうして中島は早くも、官身分であることの窮屈さを感じていた。

9　外　遊

海軍航空術研究委員会は横須賀軍港内追浜に飛行場をつくり、ここで飛行術を研究することになった。まずカーチス式水上飛行機二機とモーリス・ファルマン式水上飛行機二機の購入を決め、河野三吉、山田忠治両大尉と中島知久平機関大尉をアメリカへ、梅北兼彦大尉と小浜方彦機関大尉をフランスへ派遣した。彼らの使命は操縦術を修得し、飛行機製作と整備方法を学ぶことであった。中島は一九一二年七月三日に横浜を発ち、一一月に帰国した。四カ月半の北米滞在であった。

彼らは九月、ニューヨークのハモンド・ポートのカーチス飛行機にいた。飛行機製作と監督の仕事が終わると、ここを去った。ここには訓練場があったから、日本人は飛行機に乗っていたに違いない。ここではアルデン（Alden）夫妻にお世話になった。日本政府からの電報により、九月のある朝八時五〇分に、ハモンズポートを発って、バッファローに向かい、一カ月後に、サンジェゴに到着予定であった。これは一一月一二日の大正天皇即位記念の観艦式において天覧飛行をするための帰国であった。河野大尉が急ぎ帰国した。河野大尉のカーチス機とフランスから帰国した金子大尉のファルマン機は天覧飛行を見事に成功させ、ここに海軍航空がスタートした。

途中でボストンに駐在していた古市を訪ねた。ここで中島は飛行機練習中墜落したが無事であったことを話して、彼の無謀さが古市を驚かせた。

一〇月一六日にはデトロイトのポンチャートレイン・ホテルに滞在していた。知久平らは「調査のため」米国内を毎日三〇〇～五〇〇キロを移動している。一日の費用が四〇円以上かかるというが、その金額は当時の日本国内での平均月収額相当である。

費用の大きさ以上に、中島がデトロイトに滞在したことに注目したい。デトロイトといえばもちろんアメリカ自動車産業の中心であり、まさにフォードシステムが展開しようとしていたのである。T型フォードの生産は一九〇八～二七年に一五〇〇万台を数え世界のベストセラーであった。その車を組み立てたのが一九一〇年に竣工したハイランドパーク工場であり、一九二二年完成のリバールージュ工場である。ハイランドパーク工場において移動式組立法が一九一四年に導入された。それらアメリカ自動車産業の一大変革期に、すなわちモータリゼーションの真っ只中に中島ら一行が滞在したことを強調しておきたい。文明の進歩を目の当りにしていた彼はモータリゼーションについて何も書き残していないが、大きなショックを受けたことは十分に予想しうる。

一〇月二二日に西海岸のサンディエゴにあるカーチィス飛行学校へ移った。学校内は「四面の状況至極良好」であり、一一月一〇日には卒業の見込みであった。しかし問題が生じた。海軍省軍務局長から一一月末までに帰国すべし、という命令が来た。帰国切符はサンフランシスコの日本人乗船切符を一手に取り扱う石丸喜一に頼んだら、日本政府職員であることから二五％割引が手に入った（一〇月二八日）。

そこで慌ただしく東洋汽船会社の地洋丸一〇七号室にて一一月一五日にサンフランシスコを出発し、一二月二日に横浜に到着することになった。(13) 米国における四カ月の滞在と、途中の一カ月の視察旅行では、はっきりいって不十分であった。中島は「米国の飛行界は高熱の去りし病後の如き観あり、研究者も国民も此の方面に活気なり」、「心残りの感有り」としつつ、工場見学では「粗末のもの多かりしも……甚だしく珍味を覚え候」と、興味津々であった。また他方では「研究問題に於いても参考に値する如きものを発見し得ざりし」と、クールであった。中島はここで飛行士の免許を取得し、アメリカ飛行協会の会員になった。同協会は会員向けに、雑誌を発行して、飛行術や飛行機産業、飛行機と軍などについて、情報を提供した。

このアメリカとフランスに発注した飛行機を組み立てること、そのために一九一二年一〇月に横須賀海軍工廠造兵部水雷工場を組立工場とし、山下機関大尉と二名の工員が配置されたのが海軍における飛行機国内製造のはじまりである。中島機関大尉は飛行機工場長となり一九一三年五月にはファルマン七〇馬力改造機を完成させた。一九一四年一月には山下機関大尉が工場長になり職員三名、工員七四名となり、ファルマンを制式機として国産が可能になった。

エンジンは一九一三年四月小浜機関少佐が担当しルノー七〇馬力、カーチス七五馬力を完成させた(14)。

一九一四（大正三）年一月二一日造兵監督官になった中島はフランスへ出張を命じられた。任務はフランスに発注した飛行機と発動機の製作を監督し、航空業界を見てくることである。一月二四日に出発し、三月一日パリに着いた。出張期間中の俸給は家族渡しになり、知久平のそれは三〇円である。

六月二日、四日、二二日、七月一五日とパリのリールホテルにいた。

六月二二日、中島はフランスにて、「三河屋にて牛丼を食いつつ」という仲間の寄せ書きを受け取った。それからまもなく、第一次世界大戦が勃発し、八月初めに帰国命令を受け、九月四日に帰国した。

第一次世界大戦は一九一四（大正三）年六月二八日、オーストリア＝ハンガリー帝国の皇太子夫妻がボスニア州サラエボで暗殺されたことを契機に、八月には全ヨーロッパに拡大した。日本にとりこれははるか彼方の戦争であったが、日英同盟の関係から、八月二三日ドイツに宣戦布告した。極東の戦場は中国・山東半島のつけねにある青島である。日本側は九月中には山東鉄道を占領し、中国内陸と青島の連絡を切断した。一〇月末には正面からの総攻撃が開始された。

第一次世界大戦はヨーロッパで最初の空中戦があり、飛行機がはじめて実戦に加わった(15)。青島攻略戦はまた日本航空隊の初陣であった。海軍航空隊は八月一八日飛行機母艦「若宮丸」に、モーリス・ファルマン七〇馬力三機、同一〇〇馬力一機を搭載して出陣し、陸軍航空隊は同月二三日飛行機五機で出発した。九月には敵情偵察や爆弾投下が行われ、一〇月にははじめての空中戦があった。爆弾は八センチまたは一二センチ砲弾に翼をつけ、それを機体に紐でつるし、ナイフで切って投下した。しかし「若宮丸」は九月一三日に機雷に触れ、沈下座礁し一〇月には日本に曳航され修理された。飛行機母艦といっても、クレーンにより水上機を海面に吊し降ろし、引き上げるものである。

中島が青島に派遣されたという証拠はない。むしろ戦場に送る飛行機を製作していた。そしてこの年の暮れに海軍の人事異動があり、中島は造兵監督官の職を解かれ、造兵部員を命じられ飛

行機工場長になった。(16)

一九一五（大正四）年一月日本は中国に対して二一カ条の要求を提出した。これは第一次世界大戦中をいいことに、旅順・大連の租借期限を延長すること、山東省におけるドイツ利権を譲渡することなど膨大な利権を要求したものである。二月以降には、列強は反対の姿勢を示し、中国では排日運動が高揚した。

一月二一日に中島は検査官を兼務、七月にファルマン式飛行機の改造型を作り、海軍製のルノー式一〇〇馬力エンジンを、九月には中島設計の中島式複葉トラクターを製作し、ベンツ一〇〇馬力エンジンを載せた。一〇月には大型のファルマンにカーチス式九〇馬力をとりつけた。

中島式複葉トラクター機は中島が設計開発したもので、独創性があった。独創性とはエンジンとプロペラの位置にあった。この当時は一般にプッシャー式であり、エンジンの後方にプロペラがあった。中島式はトラクター式であり、プロペラはエンジンの前にあった。エンジンはベンツ一〇〇馬力からサルムソン一四〇馬力に換えて、海軍最初の制式機となり「横廠式」の元祖といわれた。(17) いくつも作られ偵察機や練習機として使われた。

この頃の知久平は、自信に満ちていた。四月二五日には「小生目下健全諸事順調に進み居り」と父親に書いた。

10　兄弟と家族

喜代一

次男の喜代一（一八九〇〔明治二三〕年生まれ）は一九〇三年四月尋常小学校高等科三年を修了したのち、ただちに尾島町内の農業補習学校に進学した。これは中等教育機関である。喜代一は知久平に化学、物理学、植物学、動物学の本を依頼している。それを受け取った喜代一は自分の学校の教師は農業大学の卒業生で、中等の下を教える機関であるから、難しすぎて用をなさない。兄の試験が好成績であることを祈っており、母上父上、懇意の者を喜ばせ安心させて下さいと、書き送った。

一九〇六年四月農業補習学校を終えた喜代一はどうしていたのか。知久平は「喜代一の如きは已に一歩時勢に後れたるの状に陥りしと思はざるを得ざるなり　宜しく奮発し決起せざるべからば男子は宜しく果断なるべし人間至る所青山ありだ　何ぞ故山に潜むを以て必ずしも幸なりと云えんや　又人の道とぞんや」と、喜代一の奮起を促した。

喜代一は兄と同じく軍人を志望し、その学校進学をねらった。兄同様「他衆の遊ぶ間や寝る間

左から中島知久平、喜代一、門吉、乙未平の四兄弟。父の葬儀にて。

の寸暇を利用し独学」した。しかしどうしても解らないのが英語と数学である。そこで一九〇七年九月三〇日に吉田先生に手紙を書いた。どうか個人教授をして下さい、と。

そしてとうとう受験勉強のために、同年一一月に上京した。ときに一八歳である。一一月五日早朝に尾島を出て、渡し舟で利根川を渡り、妻沼から馬車にて熊谷に着いたら一二時半、一五時には上野に着き、広小路の旅館に泊まった。翌日神田で下宿を探し、錦町三丁目二番地の林文蔵方に決めた。父親は一一月一〇日に林方に寝具と書籍を送った。兄をみならい頑張るようにいった。兄の知久平は横須賀帰港のおり、一一月一五日と一六日にここに泊まり、喜代一の相談に乗った。兄はとうてい全部の費用は出せない、だから父条吉が月あたり三～五円出してくれることを、喜代一は父に頼んだ。兄はこの下宿を不衛生といい、気に入らなかった。そこで移った下宿先は神田区錦町三丁目二四番地矢水館　畑村廣次郎方である。生活費の一部は知久平が援助した。一一月から英語学校と予備校に通った。

一二月、門吉は喜代一に、陸軍幼年学校のことを問い合わせた。兄同様に門吉も軍人志望の気持ちがあったのかもしれない。喜代一は知久平にお金を催促し、知久平は一二月二二日に六円送金した。そして知久平は喜代一の身上を引き受けたのであり、「決して父上を煩さぬ」と覚悟を決めていた。他方で喜代一は上京以来の「二、三カ月は光陰矢のごとし、夢の間」と時間の過ぎゆく早さに驚き、懸命に勉強していることを父に伝え、三円を請求した。その理由は本代であるが、兄の本はほとんど役に立たないからである。

一九〇八（明治四一）年の正月に喜代一は帰らなかった。三男の門吉が喜代一に年賀状を出した。「遠くの兄の実力にも恐れ入りましたが　兄（東《ママ》）の御熱心にも感じて居ります」と二人の兄を尊敬していた。二人の兄に比べたら「倹約もせず勉強もせずただ学校まで二里の道を歩むのみにて少しも智を得ず利を得て居るは足体の健になりしのみ」、自分はずいぶん小さい者だ、勉強が身につかず身体だけ頑丈だと、自分を謙遜する。だから中学を二年でやめて、兄のように勉強しようか、迷っているが、口外しないように、と書いた。

喜代一は一月一日の正月、神田の下宿にいた。そして父親に手紙を書いた。「前略御免下され度候先日御願申置き候件　何卒至急御送輿相成度」という、御願い物はほかでもないお金である。喜代一は知久平のごとく、お金にあれこれ理屈をつけない。要求が直接的である。一月八日から学校が始まるが、月謝が未納である。ようやく七日に四円着いた。下宿代を二七日には払わなければならないから、一月二五日に一一円を要求した。そして月末に一〇円の為替券と願書が届いた。喜代一は「身元細明書《(ママ)》」と願書には「落字」や不都合の箇所があるといいつつ、このまま海軍兵学校に提出しようとした。父親の粂吉は一月二〇日尾島の町長に選出された。これは高田町長が辞任し、有力後継者であった新島諸三郎が眼病で辞退したためである。同じ頃知久平は喜代一に二月分として一〇円送った。

喜代一は海軍教育本部に兵学校の校長名を問い合わせた。一九〇八年一月に島村速雄であるという返事が来た。これは色盲の件を問い合わせるためであろう。上京数カ月の勉強で果たして合格するであろうか。兄の知久平は喜代一に「四一年度の試験には例え間違いたりとも及第する能はず」とレベルに達していないことをいっていたが、喜代一は受験の予定であった。願書に書く保証人は小林蒸吉に依頼の予定であった。こうして海軍兵学校を受験する準備を進めていた。

同二月喜代一は母親に手紙を書いた。東京に出て三カ月余の生活を「朝夕寝ても起きても思い出さずに居られざる事は実に故郷の母上の身の上、日日の御苦難にて御座候」と、母親への優しい想いを綴った。そして自分の生活を「ないものずくし」と、笑い飛ばしている。気を紛らせたのである。それは以下のとおりである。どこまで真実かつかみどころがない。

「上京以来あわせの重着した事なし
頭痛、腹痛、風引き等した事なし
菓子を食った事なし
米のめしと魚を食わぬ日なし
割麦飯を食った事なし
しらみを見た事なし
火の端に行った事なし
人よりおそく起きた事なし
東京の町を見ぬ日なし」

二月二六日、知久平は喜代一に一五円を送金した。二月はまだまだ寒い。知久平は足袋をはかなかった。しかし喜代一には「寒ければ足袋も買ふべし、手袋も買ふべし、火鉢も取るべし、単に質素なるを望むと雖も、勉強を助すくる手段には決して金を惜むの必要なし」と、暖かいことを言い、苦しいなかでも金は出すから催促せよと頼もしかった。父親の粂吉は三月分として一五円送るさい、「金は常に充ちて居るから心配・遠慮はするな」と、これまた大きな態度であった。

四月には喜代一は知久平に一五円を頼んだが、知久平は「金が豊かすぎると勉強を妨げる」から、全部は不可であり一三円を送った。上京した喜代一に故郷の様子を伝えるのは門吉である。門吉は今年の夏の蚕が「実に良結果」であると、伝えている。そして兄にチャールス・スミスの代数本を送るよう依頼した。知久平－喜代一の関係が、今や喜代一－門吉の関係にかわった。

この年の試験時期と募集定員は次のとおりである。海軍兵学校は願書が四月三〇日、試験は七月、定員は一五〇名であり、他方海軍機関学校は願書が四月五日、試験は五月、定員は六〇名であった。

受験勉強半年がたち、喜代一の進み具合はどうか。父親は海軍兵学校と海軍機関学校両方の受験をすすめた。この年海軍機関学校の試験は五月になった。喜代一はまだとうてい合格不可能とみており冷静であった。知久平の予想どおり一九〇八年夏の受験は失敗であった。原因は身体検査にあった。そのために喜代一は商船学校に志望を変更したいと考えた。しかし知久平は反対であり、試験に費やす時間を勉強に使え、とあくまでも士官学校を奨めた。翌年の〇九年四月陸軍士官学校を受験した。知久平は喜代一に「まあ折角勉強して成功を祈る」と素っ気ないが、激励した。五月分として一三円送り、「不足なら直ちに申し越すが良い」とやさしい。一〇年一一月中旬にも受験した。これは数学ができなかった。時間は三時間半と十分であるが、六題中二題半しか書けなかった。これでは合格のはずがない、と喜代一は思った。

六月といえば機関学校の試験は終わり、兵学校試験が間近であった。その時、喜代一は尾島町に帰っていた。病気である。機関学校は落ちたのであろう。しかし兵学校は受験するつもりであった。七月一一日は身体検査である。知久平は喜代一がぜひとも今度の試験を受けるように、と願っていた。なぜならば、「軍隊内にありては一カ年後るるは金銭に替え難き重要なる事」という、厳然たる年功序列の社会というのが、知久平の経験から出た認識である[18]。

喜代一は七月の初めには東京へ帰った。喜代一が戻ったあと、知久平の手紙が来た。知久平は金のために上京が遅れているのであれば許さない、いつでも請求しなさい、と激しく詰め寄った。粂吉はこの手紙に、「勉強中他の学生との交際は絶つべし」と、勉強に集中するよう忠告した(一九〇八年七月九日)。

喜代一は試験が七月末から八月にかけての、海軍兵学校を志願した。家では祖母が朝晩神棚に、合格祈願していた。だがこれは失敗した。身体検査の眼の検査ではねられたのである。そのことを知らされた粂吉は怒った。「検査に当り自分より知らぬとか又は見えぬとか言者が他に有まいと思う……何とか他に言様も有るのに実に愚も亦甚し良く注意を用す《(ママ)》」といい、生家に帰り百姓をやり休養すべしと、帰郷を奨めた。また農商務省が度量衡技術員を募集していることも知らせた。喜代一はこれを拒否した。喜代一には色盲と脚気があったようだ。したがって学力試験まで行かなかった。他の多くの受験生同様に、健康診断ではねられたのである。

試験が終わったことを知った知久平は、喜代一に休養のためには品川、大森はよくない、尾島に帰りなさい。海軍兵学校試験は色盲の疑いでひっかかったのだろう、太田町の軍医岡本先生に診てもらいなさいと指示した。もし色盲であれば海軍学校は不可能だから、陸軍に転じるべし、さもなければ、「軍人を断念し他の道を求むるのみ」と伝えた。知久平は喜代一に旅費を含む四円を送った。「入用の節は遠慮なく催促すべし」と、常にやさしい。

喜代一は九月に「本を盗まれた」から父親に一円五〇銭送らせた。粂吉は「人を見たら盗人、火を見たら火事と思え、他人と交際は当分の内無用」と厳しかった。

九月二五日に知久平は一四円送った。この時粂吉の忠告にあるよう、喜代一は友人と下宿を共にしようとしていたようだ。知久平は反対である。「朋友と相談ずるは勉強上大に支障あるもの」というが、三〇円の月給が知久平の収入であり、その半分を援助することは苦しい。

一九〇九年二月末においてなお、喜代一は一月の下宿代を払えなかった。喜代一は知久平に二〇円を要求したが、知久平は一月の休暇で遊びすぎて金はなく、一〇円だけ送った。そして知久平は「小遣いだけは不自由なくやるべし」といい、「尚今月不足の分を直に通知せられたし」とのんきなことを言って、喜代一を安心させた。知久平は弟に十分な金を送れなくても、「金のことを心配するな」というのが常套句である。

一九〇九年五月一日喜代一は海軍機関学校の身体検査が始まった。知久平によれば今度の試験は志願者が平年の五分の一と極端に少なく、また合格者はわずか八〇～九〇名にすぎず、「惜しい事には成績は余り良くないということである、安心をすると大なる間違いをするかも知れない」と「内探」した様子を喜代一に伝えた。結果を知っていたのだろうか、五月二九日に知久平は「機関学校の目では、兵学校には合格しない、目に気を付けよ」と書いて、一三円送った。

その結果は六月には判明した。不合格であった。それを知らされた粂吉は六月二三日「実に残念に御座候猶来る海兵校の入学受験の期も既に近寄り定めし勉励の事」と、感想を述べた。続いて喜代一に女がいて、勉強に身が入らないという話が入ってくるから注意すべし、「親兄弟の面を汚さぬよう」きびしくいった。

一九一四年四月二九日、喜代一の住所は南品川広木屋気付「大乗丸」である。この船は東京高等商船学校の練習船である。やっと自分の行先が決まった。それは船乗りの道である。喜代一が兄の知久平の跡をたどるべく上京したのは、一九〇七年一一月、一八歳の時であった。しかし海軍兵学校はもちろん、海軍機関学校も合格できず、ずるずると年を重ねていた。しかし一九一四年東京高等商船学校の航海科に入った。すでに二五歳になっていた。今までずいぶんと放蕩してきたのであろうが、学校入学後の今は「二カ月前の小生」とは全然異なる、「之れよりは断然総ての快楽的休養的な行動は一切犠牲に供して何事かの勉強に従うことと覚悟仕り候」と決意のほどを父親に書いた。そして放蕩したのは進路が定まらなかったからであり「従来は之目的物決定に聊か躊躇致し居り候也」と相変わらず、調子がいい。そして月当たり小遣いとして五円送れという。

喜代一は一九一四年一二月、「大乗丸」に乗船しており帰港した。喜代一は勉強中の乙未平にお金の援助をしていた。そしてこの時には学生時代に下宿した神田の下宿屋を訪ねた。翌年の一月には横浜か浦賀のドックに入り掃除をし、一月二〇日には南洋の新占領地に向け出航する。帰国は四月になる。帰国した喜代一は商船に乗務することになっており、知久平は六五円を送った。喜代一は商船学校を卒業し、予備少尉となり日本郵船に入社したのであった。甲種二等運転手の資格であった。

一九一九年三月、喜代一は神戸商船株式会社の喜美丸に船長として乗務していた。母親の「いつ」から絹子の死の手紙が来た。喜代一は「止むを得ず候」、「母親の御力落としも一方ならぬ事と察し」とあきらめと慰めの手紙を書いた。これから北米に向かう。そして五月一七日には横浜に到着し、二二日には神戸に着く予定であった。ついで新竹丸の船長を務めた。そして海の男は一九二〇年三月に中島飛行機に入った。畑違いの空の会社である。

同年末の一二月三日にはアメリカ、カナダへ出張した。機体とプロペラ材のスプルースやマホガニーなどの木材の買いつけのためである。汽船一艘をチャーターして横浜を出港した(19)。その後中島喜代一は兄の知久平を支えて中島飛行機の屋台骨となっていく。すなわち副所長、所長、社長、第一軍需工廠の長官となり、ながくトップを務めた。

門　吉

門吉は一九〇六（明治三九）年四月、太田中学校に入学した。門吉からの手紙で知った知久平は大喜びで「歓喜斜ならざりし候　門吉一人の為ならざりし　我が家にとり尤《ママ》も祝うべきの美挙と存じ大賀奉り候」と、気持ちを述べた。兄弟のうち三番目にして初の中学進学である。門吉は知久平に「服、外套等の余りは無きや」と、中学進学にあたり、お下がりを求めたのである。

その求めに対して知久平はどう答えたか。当時の人びとは、古くても着られれば、それを下の者に回したであろう。無駄を省き、資源のリサイクルになるからである。知久平は違う。知久平は条吉に「新調」してあげなさいといった。なぜなら「人殊に青年者は其の服装等の他生に劣るは大に当人の意気を減殺し為に他に先んじるの気概を失う事大なれば　良しく御考有り決して他生に劣らざる様揃事御給与の程を門吉に代り願上候」。その金額は「大鯉を釣るに用うる飯粒に過ぎず　決して惜しむに足らざる」と、並の発想ではない。これは将来への投資である。度量の大きさを知る。

門吉には、「買って貰いなさい」といい、二人の兄（知久平と喜代一）は中学へ行かず、人の遊ぶときに遊ばず、寝るときに寝ず、先生はなく自分で勉強した、だからお前は、特待生になれ、責任は重い、怠けることなく勉強しなさい、と激励した。お祝いに手帳を約束した。

門吉は一九〇八年三月、中学二年生を「botom」（門吉自身の言葉）ながら終えた。そして蚕や桑などに忙しいから、勉強はできず「botom にて三年を修業せねばならん」といい、中学校はやめていないが、農業に忙しく、勉強までは気持ちが入らなかった。門吉はしきりに中学校をやめて、二人の兄同様の進学を考えていた。同年二月頃、門吉は喜代一に陸軍幼年学校[20]について、問い合わせた。喜代一は、年齢がオーバーしているから無理で、ともかく勉強を勧めている。「中学校卒業生に有らざれば何事も成し得難きもの」と中学卒業をすすめ、中卒の資格なしで受験できるのは海軍兵学校と海軍機関学校のみであり、その試験内容は年々難しくなっているから、高い学力が必要だ、と助言した。

門吉は中学卒業後農業を手伝っていた。彼は養鶏に見込みがあると読んだ。創業資金を知久平から借りようとして、相談した。知久平は冬休み帰郷の折りに賛成した。知久平に頼んだ金額は六五円、そのうち二五円は送金済みであった。そこで知久平は「青年に多くの金額を授け新事業を独断にてやらせるは危険なり」と感じて父親に、一切の監督指揮を任せ、門吉は粂吉の下で事業担当のみとなった。あわせて門吉とS家の娘との結婚には反対であった。

門吉は一九一三年五月徴兵検査に「甲種合格」であった。兵役期間を一年にするか、二年にするか、知久平は二年を奨めた。一九一六年一一月門吉はまもなく、兵役を終えて、除隊の予定であった。しかしこの時、門吉はすぐには帰れなかった。すでに彼は未婚のまま、子供がいたのである。粂吉はこの問題に頭を悩ましていたし、知久平はまた逗子から二人の結婚に反対どころか、処理策を主張して父親に助言した。中島の実家は「戦闘状態にはいるか、平和的にすむか」という状態であった。

門吉は兄の創業に際して経理を担当した。一九三一年一二月一五日、中島飛行機株式会社の社長が喜代一、常務取締役乙未平、取締役門吉であった。門吉は一九三四年、不景気のため失業中であった群馬県の青年一五〇～六〇名を募集し、北海道で金を探した。その後の門吉は一九三六年一〇月一日、資本金一〇〇〇万円の千歳鉱山株式会社の社長、同年一二月二三日、資本金一〇〇〇万円の岩戸鉱山を創立、門吉は社長になった。後者は錫鉱山である。

乙未平

一九〇八年四月、乙《き》未平は太田中学に入学した。兄弟のうち二人目の中学進学である。一九一四年九月には上京し、麹町区飯田町の藤原忠太郎方に下宿していた。一〇月の生活費として一二円九〇銭を父親に要求していた。一九一四年八月二三日に日本はドイツに宣戦布告し、第一次世界大戦に参戦した。九月五日には海軍のモーリス・ファルマン式水上飛行機が青島戦に参加した。日本軍用機のはじめての実戦参加であった。一〇月一四日海軍が赤道以北のドイツ領南洋諸島を占領した。一一月七日には青島を占領した。

この時乙未平は麹町区飯田町にいた。東京は青島占領に沸いていた。号外が飛び乱れ、日章旗とお祝いの提灯が掲げられ、日夜、旗行列、提灯行列、花電車、花自動車、また花自転車の行進が溢れ、日比谷公園の祝勝会は興奮の渦であった。

乙未平は群衆の一人であったが、考えていた。ドイツが戦争できるのはクルップのおかげである、「彼をして今日の大戦争を為さしむるに足るの国富を成さしめたるのも全く工業の力により優越なる商品物を造り出し之を以て商業を盛んならしめ」たからであり、国富は工業力であると、考えていた。その工業を支えているのは職工であり、自分は職工・技手たらんとするのである。乙未平は兄とは異なり、軍人の道ではなく、工業の道を希望していた。

一九一五年、東北帝大工学部専門部機械科に入学し、知久平は四月分の一〇円を送った。一九一八年八月一二日、大学卒業後の乙未平は神戸市笠松通の三菱第二合宿にいた。ここは三菱造船所内燃機製作所でのちの三菱航空機株式会社である。なぜ三菱に入社したかというと、知久平の「よその大きな工場で実地の勉強をして置けば後日の参考になるから」という意見によったからである。乙未平は神戸で仕事をしながら夜学に通っていた。夜学から帰るのが午後一〇時、風呂に入って寝るのが日課である。二歳違いの弟の忠平に、「若い中はぼんやりしていず大に遊び、大に働き、そして大に勉強するのだ」といって聞かせ、楽器や本で必要なものがあれば、要求せよと、書き送った。

乙未平は一九二〇年二月中島に入社した。もちろん技術担当としてであり、のちに太田工場の所長や副社長になる。一九二一年五月乙未平はパリに出発し、一九二七年四月三〇日帰国し、フランス滞在はなんと六年の長きにわたった。彼の仕事はフランスやヨーロッパの航空技術の情報収集、航空機購入、技術の導入などである。これにはフランス航空団来日の影響がある。フランス航空団とはジャック・ポール・フォール砲兵大佐を団長とし、五〇名のメンバーの飛行機技術集団が一九一九年一月に来日した。クレマンソー首相が日本陸軍のために派遣した。飛行機の操縦、偵察、空中戦闘、射撃、爆撃、飛行機機体製作、気球、発動機製作などさまざまな技術を陸軍に教授した。海軍ではグランメーゾン海軍大尉により、追浜にて、フランスから輸入したテリエー式飛行艇の組立と操縦が教育された。予定では三カ月であったが一年に及んだものもあった。ここで陸軍機はファルマンからニューポールに移行した。

このフランス航空団と交錯するようにして中島乙未平はフランスに渡った。これ以降フランスからの技術や機体の購入はすさまじい。一九二三年九月一日にフランスからニューポール29C-1型機体と図面が到着した。この機体は甲式四型戦闘機の原型である。翌年の一九二四年五月フランスのローレン社からV型四五〇馬力発動機の製造ライセンスを取得した。この製造のために一九二五年八月にモロー、ドモンジョ、ルゴックの三名の技師が来日し、彼らは一九二七年に帰国した。一九二五年一二月には英国ジュピターエンジンの製造権を取得した。一九二七年四月三〇日に中島乙未平は帰国したが、フランスからマリーとロバンをつれてきた。彼らは試作戦闘機NC型の設計を開始した。この中島飛行機とフランスとの交流により、中島知久平は一九二八年にフランスからレジョン・ドヌール・コマンドール勲章をもらった。

絹子

絹子は山田郡桐生町の桐生裁縫女学校の生徒であった。一九一四年一一月八日に粂吉に手紙を書いた。絹子は寄宿生活を送っていたから、米二俵送れという内容である。一一月二一日に絹子は実家の忠平に手紙を出した。この頃には知久平、喜代一、乙未平、門吉が家を出たためであろう。絹子が父親の着物を仕上げたから、誰か取りに来て下さい、というのである。丸めて送ると、しわになるためである。一九一五年四月二五日知久平は絹子に一〇円送った。同年一〇月二九日知久平は絹子に九円送った。一六歳の女学生といえば、元気一杯、赤城おろしの冷たい北風に、ほっぺを真っ赤かにしていた頃である。しかし現実は違うようである。知久平は「秋は色々の心と色々の病気の出るときご注意相成りたし」と、注意を呼びかけていた。どうも絹子は体が弱い。

絹子は一九一九年一月に死亡した。二〇歳であった。

綾子

綾子は一九〇〇年生まれ、一九〇八年小学校に入学した。体は小さく、大汗をかきながら通学した。本を読み、勉強もし、数字を覚えるのも早かった。家ではその日の出来事を、父や母や家族に話し学校では先生に愛され、生徒がまとわりついた。学校の往復では村人や女学生が、おんぶしてくれたり、自宅まで送ってくれた。綾子は成績優秀であり、級長をしている。兄弟間では「前途優望《(ママ)》なる女子」とみられていた。一九九一年九月に死亡、九〇歳であった。

粂吉といつ

粂吉は一八六一(文久元)年に生まれ、一八八二(明治一五)年一二月大泉村下小泉の久保田幸吉の次女「いつ」と結婚した。知久平は粂吉二一歳、「いつ」一九歳のときの生まれである。「いつ」は一八六五(慶応元)年三月二八日生まれ、一九四三年四月二五日に没した。七九歳。

一九〇七年、粂吉は町会議員であった。一九〇八年一月二〇日尾島町長に当選、ときに四七歳である。一月一六日に知久平が機関少尉に任官したから一度に春が来たようだ。粂吉が町長で忙しく、喜代一が上京したから、門吉は年長者として家事を取り仕切った。一九〇八年四月、乙未平は中学に入学した。したがって喜代一は「父上は町政の大任を負い当底家事の役には立つまい」から、家の仕事を預かるのは兄弟になり、とくに年長の門吉になる。

粂吉は一九三二年四月六日、七一歳で死去した。

11　同級生

機関学校時代からの無二の友人は古市龍雄元海軍中将と氏家長明元海軍中将である（同級生四四名の氏名は本書七九〜八〇頁を参照）。古市と氏家は第十五期生四三名中成績が一番と二番であった。三番が知久平であった。古市は福岡県出身であり、一九三一年一二月には艦政本部第四部長になり、三五年一一月には横須賀工廠長になった。三六年一二月に中将になった。氏家は石川県出身、一九三二年六月艦政本部第五部長、三四年四月佐世保工廠長、三六年一二月軍需局長に就任し中将になった。中島が大過なく軍人人生を過ごせば、この二人同様に、一九三六年には中将昇進は確実であった。彼らは卒業を前にした正月休みを葉山で合宿した。そこは山本権兵衛の家の前であった。山本は鹿児島出身の海軍大将であり、海軍育ての親である。山本は第二次山県内閣および第一次桂内閣の海軍大臣として、日露戦争を指導した。おのずと身の引き締まる思いであった。

海軍機関学校十五期生卒業写真（前から二列目、右から六人目が中島）
（同窓会『海軍機関学校海軍兵学校舞鶴分校　生活とその精神』1970年、42頁）

中島が「常磐」に乗っていた頃（一九〇七年八月二四日～一二月一〇日）、九月一八日古市は軍艦「香取」に乗務していた。古市は八番分隊長であり、兵器水雷艇係兼分隊事務取扱であったから、めっぽう多忙であった。艇の幹部が訪問の折り、あるいは呉などの軍港に寄港の折りに、古市に中島の話が伝わった。逆のこともあった。

一一月古市は学校時代同期の荻原喜太郎を介して中島の手紙を受け取った。韓国から帰り湘南の「香取」艦にいた。古市と荻原の会話で、中島はブドー酒で酔った、といって笑った。二人で「春雨」、「越後獅子」、「かっぽれ」などで騒いだ。これは中島を入れて昔、派手にやったものだ。「越後獅子」は琴と三味線で演ずるが、古市はそれを聞いて涙を流した。

女々しい奴と自分を嘆きながら、この趣味は捨てられない。古市は優秀であったから、韓国訪問記念に東宮殿下から金一封をもらうと、古市はそれでカフスボタンセットを二組購入し、ひとつを中島に与えた。中島は思いもかけないこのプレゼントに驚き、かつ喜び、丁寧な礼状を書いた。

艦艇の機関室では日常どんなことをするのか。もちろん蒸気機関の調整である。そして定期的に競技会が開かれる。それらは焚火競技をはじめとするさまざまな競技や実験である。古市はそれらの記録作成などにかかわっていたので多忙である。睡眠は五時間に満たない。進級試験もある。鎮海湾の封鎖演習の時、「夜色沈々として空は半分曇り、半分は散乱せる星がキラキラとし、対馬灯台の光が断続せるのを見た時は悲壮な感じがむらむらと頭に起こりました」と、中島に書き送った。どうも古市はセンチメンタリストで、常に今の身を嘆く傾向がある。

一九〇八年八月末、知久平は「石見」で呉にいたが、古市は横須賀にいた。この頃の古市は勤務に身が入らず、上陸が待ちどおしく、夜な夜な、三味線の音がするところへ出かけていた。したがって夏休みの金にも事欠いた。弟に送金している謹厳実直な中島とは正反対の行状である。しかし二人の友情は厚かった。

一九〇九年二月、古市は横須賀で軍艦「宗谷」(二等巡洋艦、六五〇〇トン、一万馬力、最高二三ノット、一九〇一年竣工）にいた。しかし夜遊びがたたって、古市はとうとう病気をもらってしまった。[21] 上官からはたびたびの忠告があった。一二月、古市は佐世保で駆逐艦「白露」に乗務し、中島は横須賀で駆逐艦「巻雲」に乗務していた。「巻雲」はロシア名が「プサドニック」といい、一八九三年進水した四〇〇トンの小型船である。三〇〇〇馬力を出し、速度は二二ノットである。一九〇五年の旅順戦で捕獲したものである。

一九一〇年五月二四日古市龍雄は旅順の第一〇艇隊にいた。機関長であった。旅順の仕事は多忙で、寧日なしに「海賊を捜したり熊岳城漁業問題で支那人《ママ》を威嚇したり」していた。旅順は「黄塵万丈、にらくさい支那人《ママ》を相手にしている」。彼はここで中島が「生駒」に乗り、英国訪問をすること、氏家が第一五期生ではじめての米国留学を知った。日露戦争の戦跡である二〇三高地を望み、旅順港閉塞用の廃船をみるたびに、「いつも無限の感に打たれる」気持ちがした。古市は元気がない。

中島がアメリカに行っていた一九一三年、古市は氏家についでアメリカはボストンに留学し、勉強していた。学校での学科の進み方は早く、宿題が多いから「平日は遊ぶ余裕ない」ほどだった。数学は機関学校卒業程度の内容で高度であり、とくに電機工学科の数学は高等数学であり「スリーダイメンジョン」が多く難しい。ここには米国士官がおり、「研究態度中々立派なり」と海軍機関官より上だと、古市はみた。そして古市は海軍機関官がふるわないのは、海軍制度に原因があるのかもしれないともいう。古市は退役後、芝浦工作機械株式会社社長、海軍工作機械工業会会長を歴任した。

機関学校の友人で最も結婚が早かった一人は田中半七（卒業時成績第四位）である。彼はたんに同期であるだけでなく、故郷が同じ群馬県は安中の出身であり、中島と同じ関東クラブに属して親密に交際していた。田中は森田重子と一九〇九年九月三〇日に鎌倉の日本メソジスト教会で結婚式を挙げた。中島ら多くの同級生が招待された。田中はその後神戸に居を移し、大阪の蘆田工業所大仁工場長をつとめた。

中には同級生から借金をしようという者もいた。荻原喜太郎は一九〇九年一二月駆逐艦「夕暮」から中島に手紙を書き、三〇円の借金を申し込んだ。荻原は古市からも借りており、仲間から借金を重ねていたようだ。荻原と古市は親友で遊び仲間である。三〇円は大金である。荻原は佐世保の駆逐艦「夕暮」から横須賀の駆逐艦「巻雲」にいた中島に、「感涙した、月賦で返す、馬鹿遊びはやめる」と約束した。荻原は一九三〇年一〇月に亡くなった。

成績第二位の氏家長明（のちに海軍中将）は一九一〇年二月「如月《きさらぎ》」（三八一トン、六〇〇〇馬力、二九ノット、一九〇五年竣工）に乗っていた。彼はこの時同窓会としての一五期生クラス会幹事をしていた。すでにこの時同級生の二名、すなわち佐藤柱助と新井銀之助は同窓会幹事と音信が途絶えていた。二月の移動で篠原芳郎と前島喜美蔵の両名が横須賀に帰った。二人とも大喜びであった。氏家は軍退役後に、産業機械統制会理事長の仕事についた。篠原はのちに横須賀市立実践高等女学校に勤務した。

一九一二年、五月二七日海軍機関学校の一五期生の一人、Nが事件を起こした。それは佐世保「沖島」（二等海防艦、四一二六トン、六〇〇〇馬力、速度が一五ノット、一八九六年進水、ロシア第三太平洋艦隊に所属）船内でのことである。宴会のさなか、Nは興にのって日本刀を抜き、たまたま来船中の大津屋（靴屋）の左腕上部にきりつけてしまった。動脈切断の重傷であり、一時生命危篤に陥った。共済会病院に入院し、治療の結果、被害者は生命は大丈夫だが、左腕が腐敗し切断を免れない状態である。軍法会議が進行中であり、川原宏、新井銀之助、甘木稷貞らが在佐世保の同級生として支援していた。佐世保の軍艦「利根」から川原はこの件につき、横須賀の中尾金房や東京の中島らに支援を依頼した。被害者の損害はNがすべて金銭にて負担する、という方向で交渉がまとまったが、Nにその金がない。同級生が支援しようというのである。しかし懲罰処分はやむをえない。Nはしかし最後には少将になり、退役後は軍令部嘱託として戦史編纂にたずさわった。

日置（釣また釭）三郎は留年組の同級生の一人である。卒業航海では中島と同じ「明石」に乗った。日置は島根県松江出身、海軍機関学校卒業後海軍航空隊に所属した。川崎造船所の松方幸次郎は航空機産業の将来に注目し、日置を引き抜き、一九一六年フランスのサルムソン社へ派遣した。[22] また日置には海軍武官大尉として日本大使館に勤務し、フランスで軍籍を離れて松方の秘書になった、という説もあった。[23] 日置はこのときから亡くなるまで日本に帰ることはなかった。第二次世界大戦中のドイツ軍のパリ進攻から美術品を郊外に避難させたこと、そして戦後もコレクションが日本に帰るまで守り抜いたことの功績は実に大きい。それらは今日、国立西洋美術館や東京国立博物館で見ることができる。日置は一九五四年一二月二七日七一歳でパリで死んだ。日本政府から支給される年金を一度も手にすることはなかった。二番目のフランス人の妻と一人娘が残された。同級生の多くは軍退役後民間会社に再就職した。既述した以外を列記する。大津秀男（石産精工）、浅井保治（園池製作所）、松村貞雄（新潟鉄工所）、長谷川貫一（東洋ベアリング製造）、小松虎次郎（栄織維工業）、田中宗三郎（南方方面資源調査）、横尾道春（富士電気製造）、星野慶末（日本電波機械）、渡辺清吉（岡谷商店）、澤田倉三（千葉県商工課）、田坂信一（統制工業）、大久保永（安全電機工業）、松岡遠吾（旧姓樋口、日本精機）、関口省三郎（東京螺子製作所）、伊藤一郎（旧名一忠、ガデリウス商会）、米山多茂知（国藤鉄工所）。

12　海軍を辞める

中島が海軍を辞める決意をしたのはいつか。一九一六年八月か九月であるという。なぜならば

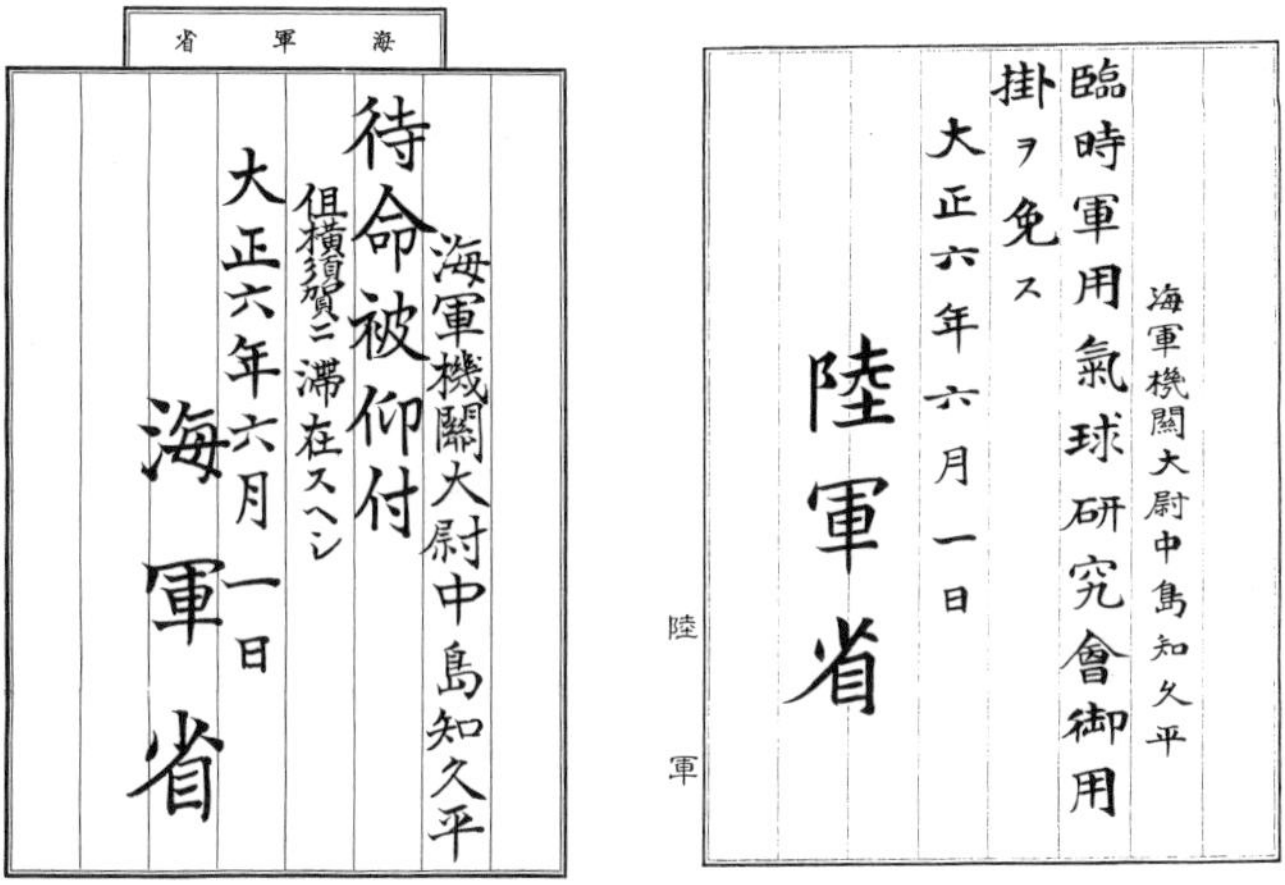

海軍機關大尉中島知久平
臨時軍用氣球研究會御用掛ヲ免ス
大正六年六月一日
陸軍省

陸軍

海軍省
海軍機關大尉中島知久平
待命被仰付
但横須賀ニ滞在スヘシ
大正六年六月一日
海軍省

陸軍省、海軍省の辞令（中島記念図書館蔵）

一〇月には渡欧の予定があった。これはヨーロッパ飛行界視察と飛行機研究を目的としていた。中島はこれを健康上の理由により辞退した。したがって出発数カ月前にはすでに海軍を辞める腹を決めていたのである。

その頃（一〇月一日）、中島の兄弟間では飛行機工場の話が出ていた。すなわち喜代一は函館から条吉宛の手紙で、「製作場云々の儀《ママ》確実なるものとせば喜ばしき事に存じ候」と、「製作場」に賛成しているだけでなく、「彼の人は神戸辺に於ける財産家として耳にせし事も有之候得ば満更疑念の必要も無之」として、神戸の財産家について触れていた。具体名は不明であるが、もし川西清兵衛だとすると、ストーリーを書き換える必要がある。スタートから川西の名前が出ていたのであろうか。一九一八年五月に川西清兵衛と提携し出資を受けた。

一九一七年六月一日に中島は「臨時軍用気球研究会御用掛ヲ免ス」という辞令を受け取った。陸軍省から正式に任務を解かれたのである。本属の海軍省からは同日付けで、「待命被仰付　但横須賀ニ滞在スヘシ」と、こちらも正式に職を解かれた。この日が公式に軍を離れた日になる。そして「退職の辞」を関係者に配布した。ここには中島知久平の航空機戦略がよく出ている。それは「大正三年度予算配分ニ関スル希望」と共通している(24)。

「宇内の大勢を察するに、地上の物資は人類の生活に対し、余裕少なく、各国家は互に利の打算に急にして今や利害のためには国際間に道義なるものを存せず、紙上の盟契、条約の如き殆ど信頼の価値なき事例は欧州大戦に於て公然と実証せられつゝあって、国交は恰も豺狼と伍するが如し。故に国防の機関にして完全ならざらんには国家は累卵の危盤に坐するが如し。而して国防の要素は国家が享有する能力の利用によって国家を保護するにありて、其の主幹は武力ならざるべからず。故に戦策なるものは其の国情に照して画立するを要す。強大なる資力を有し、富に於て優越点を把握せる国家又は四囲の関係より富力を基礎として国防を成立し得る国家は全富力を傾注し得る戦策、即ち富力単位の戦策を採るを最も安全有利とす。されど富力をもって対抗し得ざる貧小なる国家は、之と正反対の地位に立つ。即ち富力戦策は必滅の策にして危険この上なし。

翻って帝国の国情や如何ん。究竟するに我が対手国は欧米の富強にして我が帝国は貧小をもって偉大なる富力に対す。故に富力を傾注し得る戦策によりて抗せんか、勝敗の決既に瞭かにして危険之れより大なるはなし。然るに現時、海国国防の主幹として各国家が負担を惜しまず、其の張勢に努力しつゝある大艦戦策は実に無限に富力を吸収するものにして、所詮富力単位の戦策に外ならず、是れにして永続せられんか、皇国の前途は慄然、寒心に堪へざるなり。

惟ふに外敵に対し、皇国安立の途は富力を傾注し得ざる新武器を基礎とする戦策発見の一つあるのみ。而して現代に於て此の理想に添ふ所のものは実に飛行機にして、之が発展によりては能く現行戦策を根底より覆し、小資をもって国家を泰山の安きに置くことを得べし。

夫れ金剛級戦艦一隻の費を以てせば優に三千の飛行機を製作し得べく、一艦隊の費を以てせば能く数万台を得べし。仮に飛行機相互の間隔を最小限五百メートルとなすも、五万台の単縦陣は一万五千マイルの長きに達す。この地球の直径も尚八千マイルに過ぎざるの事実に想到せば、人類の能力及び現代の通信機関を以てしては斯かる多数の飛行機隊を同時に指揮操作し得べしとは思われず、況んや一局地に限らるべき戦線に使用し得べき両軍の飛行機数は自然大ならざる制限の下に立たざるべからず。即ち飛行機に集注し得る資力には大ならざる限度あり、この点に於て国防上の強弱には貧富の差なきを得べし。而して三千の飛行機は特種兵器（魚雷）を携行することにより、其の力遙かに金剛に優れり。

斯くの如く飛行機発達の如何は国家の存亡を支配す。故に欧米飛行界の進況如何に係らず、我が帝国は独特の進歩発達を企図せざるべからず。然るに事実は大に之に反し我が飛行界の現状は其の進歩遅々として欧米の進勢に比すべくもあらず、常に数段の隔たりあり。随って飛行隊の如きも微々として振わず、実質に於て存在の価値だになし。是れ実に国家を挙げて最大恨事たらざるべからず。而して我が飛行界不進の原因は種々多岐に亙ると雖も、其の主因は製作工業が官営たるの一事に坐す。進歩劇烈にして其の製作短時日に成る工業を初年度の計画が議会の協賛を待ち、翌年度に於て初めて実施時期に入るが如き政府事業を以てするは既に根本に於て不適と云はざるべからず。斯かるものは其の実施に関する諸般の行使が縦横自在なる機関に委し、始めて其の目的を達し得べきなり。実に飛行機は完備せる工場に於てせば計画製造まで一ケ月の日子を以て完成するを得。故に民営をもって行う時は一ケ年に一二回の改革を行ひ得るも、官営にては正式に云へば僅かに一回のみ。故に官営の進歩は民営の十二分の一たるの理なり。

欧米の先進諸国が飛行機製作を官営兵器廠にて行はず、専ら民営に委ね居るの事実は一つに此の理に存す。

斯く帝国の飛行機工業は今や官営を以て欧米先進の民営に対す。既に根本に於て大なる間隔あり。今にして民営を企立し、之が根因を改めずんば竟に国家の運命を如何にかせん。実に飛行機工業民営企立は国家最大最高の急務にして国民たるもの皆、之に向って奮然最善の努力を傾注するの義務あると共に此の高尚なる義務の遂行に一身を捧ぐるは是れ人生最高の栄誉たらざるべからず。

不肖爰に大いに決するところあり、一世の誹毀を顧みず、海軍における自己の既得並に将来の地位名望を捨て野に下り、飛行機工業民営起立を画し、以て之が進歩発達に尽し、官民協力国防の本義を完ふし、天恩に報ぜんことを期す。

今や、海軍を退くに当り、多年の厚誼を懐い、胸中感慨禁じ難きものあり。然しながら目標は一貫国防の完成にありて、野に下ると雖も官に在ると真の意義に於て何等変る所なし。吾人が国家のため最善の努力を振ひ、諸兄の友情恩誼に応へ得るの日は寧ろ今日以後にあり。茲に更めて従前の如く厚き指導誘掖を賜らんことを希ひ、併て満腔の敬意を表す」。

ここには中島の信念が明白に述べられている。それは第一に富国に対抗する貧小国の戦略、すなわち大艦巨砲主義に対する飛行機戦略があった。第二にその飛行機戦略は国営によるものではなく、民営によるべきものとしたが、その理由は開発と製作のスピード性からであった。

注

(1) 同窓会世話人『海軍機関学校　海軍兵学校舞鶴分校　生活とその精神』一九六七年、二四四頁。
(2)『芥川龍之介全集　第二四巻』岩波書店、一九九八年、九四～一一九頁。
(3) 文献により釣釭三郎とも日置釭三郎ともあるが、のちには日置三郎となった。
(4) 多田は徳島県出身、霞ヶ浦航空隊教官、広工廠航空部長、技研航空研究部長を歴任し、一九三五年一一月退役した。一九三二年一二月少将。退役後は金沢市にある日本電気冶金副社長。
(5) 風間は長野県出身、呉鎮守府機関長、広工廠機関研究部長、艦政本部を経て一九三二年に退役。三二年少将になる。一九四一年死去。
(6) 川原は佐賀県出身、第五戦隊機関長、機関校教官、横須賀鎮守府艦船部長を歴任、一九三二年少将、三六年一二月中将。退役後満鉄顧問。
(7) 角は三重県出身、艦政本部、艦隊機関長、一九三三年退役、三二年少将。
(8) 海軍教育本部編『帝国海軍教育史』第四巻、一九一一年刊、原書房、一九八三年刊、五五六頁。
(9) 同右、五五九頁。
(10) 今日の話題社『写真　日本軍艦史』一九八三年復刻版、一〇一頁。
(11) 松下芳男『改訂　明治軍制史論　下』国書刊行会、一九七八年、四六一～四六三頁。
(12) 渡辺一英『巨人　中島知久平』鳳文書林、一九五五年、一三四頁。
(13) 一九一二年一〇月三〇日「藤井少将閣下宛報告書下書」。
(14) 小池猪一『海軍史事典』国書刊行会、一九八五年、二七六頁。
(15) 奥村房夫監修、桑田悦編集『近代日本戦争史　第二編大正時代』同台経済懇話会、一九九五年、九六頁。
(16) 渡辺一英、前掲書、一三八頁。
(17) 中島機関大尉設計のトラクター式複葉機は造兵部で製作され、井上二三雄大尉が試験飛行したが、離水後見る間に機首を海中に突っ込んだ。これは水平安定板がなく、ために前後の安定性に欠けた。その後馬越中尉設計による複葉トラクターが好評で「横廠式」とよばれたのである。和田秀穂『海軍航空史話』明治書院、一九四四年、二一六頁。
(18) 六月三〇日、呉停泊の石見より。
(19) 渡辺一英、前掲書、二五九頁。
(20) 陸軍幼年学校は、陸軍将校養成機関であり、中央校が市谷本村町にある。修学期間は本科が二年、予科が三年である。予科または地方幼年学校卒業生が本科に進める。本科卒業生は六カ月を士官候補生として隊付ですごし陸軍士官学校に入学できる。本科の学習科目は倫理、国漢文、外国語（仏、独、露のうち一）、歴史、地理、数学、理科、倫理、(製)図書（標高幾何をふくむ）、教練初歩、射撃初歩、体操、遊泳、剣術初歩、馬術初歩、勤務訓誨である。

予科は倫理、国漢文、外国語（仏、独、露のうち一）、歴史、地理、数学、博物、理科、(製)図書、習字、教練初歩、体操、遊泳、軍隊内務の訓誨である。

本科および予科と地方幼年学校の受験資格は、年齢が一三から一五歳、身長が四尺四寸以上、ただし戦死した将校の子供は例外扱いとした。身体検査は各師団が行い、合格者について学科試験を一九〇七年四月一六日から行う。試験科目は中学一年終了程度の読書、作文、算術、地理・歴史の四科目である。以上同年四月「陸軍中央幼年学校予科（陸軍地方幼年学校）生徒志願者心得」による。

（21）これが何の病気か不明だが、戦前日本軍隊の場合、高い性病罹患率であったという。一九〇五年頃、二五％という（竹村民郎「公娼制度成立前後」『アジア遊学』第四四号、勉誠出版、二〇〇二年一〇月、四〇頁）。青年男子は徴兵検査後「通過儀礼」のように売春宿に走った（吉田裕『日本の軍隊』岩波新書、二〇〇二年、六四頁）。
（22）神戸新聞社『火輪の海――松方幸次郎とその時代』下、一九九〇年、神戸新聞総合出版センター、一九六頁。石田修大『幻の美術館』丸善ライブラリー、一九九五年、を参照。
（23）『朝日新聞』一九五五年一月二二日。
（24）「退職の辞」は和田秀穂『海軍航空史話』明治書院、一九四四年、一四三頁以下、「大正三年度予算配分ニ関スル希望」については高橋泰隆『中島飛行機の研究』日本経済評論社、一九八八年、一八頁以下を参照。

第3章　中島飛行機の時代

1　飛行機会社の旗揚げ

ここで飛行機発達史を簡単に振り返ろう。アメリカのライト兄弟（ウィルバーとオーヴィル）がガソリンエンジン搭載の飛行機で初飛行したのが、一九〇三年一二月のことで、この時はわずかに五九秒であった。ついで一九〇五年一〇月、兄のウィルバーが三三分間飛行した。翌一九〇六年一〇月フランスでもガソリンエンジンつき飛行機が飛んだ。一九〇八、九年になると数時間の飛行が可能になった。フランスのルイ・プレリオ、アメリカのグレーン・カーチスらである。プレリオはこの年はじめてドーバー海峡横断に成功した。

こうした世界の動向そして急速な発展をうけて、日本の陸軍と海軍は合同で「臨時軍用気球研究会」を設置し、気球、飛行船、飛行機、気象の研究を始めた。これが一九〇九年七月である。委員長は長岡外史陸軍少将、委員は民間からは田中館愛橘帝大教授ほか三名、海軍から山屋他人大佐、相原四郎大尉、小浜方彦機関大尉、奈良原三次造兵中技師（中尉相当）の四名にのちに金子養三大尉と山下誠一機関大尉の二名が追加された。相原と小浜は一九〇九年に海軍大学校選科学生となり、相原はドイツ留学中に事故死した。金子は一九一〇年に海軍大学校選科学生になり、翌年からフランスに駐在して航空術を学び、その結果海軍航空搭乗員第一号になった。山下もヨーロッパに派遣された。一九一一年には梅北兼彦大尉、河野三吉大尉、中島知久平機関大尉が海軍大学校選科学生になった。

日本海軍において最初に海軍航空を主張したのが海軍軍令部参謀山本英輔少佐である。山本は一九〇九年三月に「航空術研究に関する意見書」を上司の山屋他人大佐に提出した。海軍大臣が賛成し海軍航空がスタートした。この翌年の一〇月には欧州を視察した飯田久恒中佐が海軍独自の航空術研究について意見書を提出した。航空母艦の出現が予想されるにいたり海軍は独自に研究を始めた。それが一九一二年六月に成立した海軍航空術委員会である。一九一二年陸軍は飛行将校五名を募集した。応募者は一〇〇名に達した。日野、徳川両大尉と三名の助手が従来の体制であった。他方海軍も五名の将校を米仏に派遣するとともに、「航空術研究委員会」を設置した。委員長は山路一善大佐、委員は中佐の飯田久恒、竹村伴吾、原田房太郎、小林研蔵、山内四郎、松村菊男、田尻唯二、少佐は寺岡平吾、森初二、大尉は梅北兼彦、河野三吉、山田忠治、機関少佐角田俊雄、機関大尉は小浜方彦、山下誠一、中島知久平、造船少監牛奥劼三、海軍技師山下茂太郎ら一九名である。のちに金子養三大尉らが追加される。横須賀の長浦湾に飛行場を作った。委員会の仕事の中心は山内が進め、梅北、河野、山田が操縦術を、中島が機体製作を担当した。委員は全部で二二名、海外派遣者と任務は次のとおりである。

委　員　長　山路一善大佐

操縦術　梅北大尉（フランス）
　　　　河野大尉（アメリカ）
　　　　山田大尉（アメリカ）
造修技術　小浜機関大尉（フランス）
　　　　山下機関大尉（ヨーロッパ）
　　　　中島機関大尉（アメリカ）

民間では一九〇九年に東京・芝の内田稲作が飛行機の特許を得た。臨時軍用気球研究会委員の奈良原三次（海軍技士）は飛行機製造を計画し、特許を申請したという。これはカーチス複葉機をモデルにしたものであり、一九一〇年六月にノーム式発動機の到着を待って完成の見込みであった。一九一一年五月一七日所沢飛行場（陸軍気球研究会所属二月完成）において奈良原飛行機は、白戸栄次郎が操縦したテスト飛行を行った。一〇メートルの高さを一五〇〜六〇メートル飛んで成功した。同年一一月二九日、奈良原式三号機は白戸が操縦し、三回にわたり、飛行時間七分四〇秒、六キロメートルを飛んだ。翌一九一二年五月、奈良原式鳳号は四〇〜五〇メートルであった。翌年の四月には徳川大尉は所沢で連続して三〇分、三〇キロを飛んだ。この六月徳川大尉はプレリオ単葉機を所沢から離陸し川越を回るところで墜落した。初飛行の栄誉は初墜落の記録者になった。

死者が出た飛行機事故は一九一三年春のことである。所沢と青山練兵場の往復飛行の帰路において木村鈴四郎中尉と徳田金一中尉が乗るブレリオ機が墜落して、死亡した。つづいて民間人の武石浩玻が墜死した。マルクス主義哲学者の古在由重はこのとき小学六年生であり、のちに理系に進む彼であるから飛行機に強い関心を持っていたが、この事故に「たいへんなショック」(1)をうけた。日露戦争に勝利し国威が昂揚したころであったから、この事故は国民的関心を呼んだ。歌人の与謝野晶子は追悼の歌を東京朝日新聞に寄せた。(2)

この二人新しき世の死ぬ道を教ふることす誰か及ばん
久方の青き空よりわがむくろ埴に投ぐるも大君のため
地に聞けばいと恐ろしきことながらかの天近く笑みて神さる
もの云ひのさがなき人も知ることのいみじき人も君達に泣く
青空を名残のものと大らかに親も見たまへ妻も見たまへ

中島が飛行機に関心を抱いて、行動に移したのは明治の末期であった。一九一〇年、彼は生駒で英国に派遣されたとき、一人願い出てフランスに渡り、各地の飛行機工場を見学した。彼はフランス語はできないはずである。日本の陸軍と海軍は一九一〇年にそれぞれ二、三名の将校を留学生として海外に派遣した。これが軍による海外派遣の初取り組みであった。この年末の一二月欧州から帰国した徳川大尉が代々木練兵場でファルマン式を四分間、三〇〇〇メートル飛行した。これは日本初の飛行であった。そして中島は佐世保で水雷艇の機関長のとき飛行機万能論を書き、同じく水雷艇機関長であり無二の親友の古市龍雄は電気万能論を書き、二人は議論を戦わせた。

深い思慮の末に、いよいよ海軍を辞めるときがきた。彼の気持ちは周囲に理解されなかった。誰も認めなかった。親友でさえもである。父親は息子を翻意させるために、古市ら機関学校の同級生に手を回した。クラス会が開かれた。同級生の有志は群馬県の尾島にまで中島を説得に訪れた。

しかし彼はとうとう六月一日付けで退役した。とはいえ一二月までは不自由な身であった。中島が製作した飛行機をテスト飛行した人物が水田嘉藤太である。水田は日本初の民間テストパイロットであった。宙返りやキリモミ降下を試み、その際の事故が原因で一九三三年死去した。創業とともに中島に参加した人々は次のとおりである。

奥井定次郎―横須賀田浦造兵部の図工、課長にて昭和一四年退社
中島　門吉―経理担当

佐久間一郎—横須賀海軍工廠造機部、のち重役、第一軍需工廠勅任官、弟の佐久間次郎は重役

佐々木源蔵—盛岡の工業学校出身、敗戦時には一等技師

石川　輝次—陸軍砲兵工廠、まもなく退社

栗原　甚吾—大正四年三月東北帝国大専門部機械科卒、四月横須賀海軍工廠造機部工手、のち重役、第一軍需工廠勅任官

大正六年一二月二一日、太田町に東武鉄道旧博物館を借用して工場とし、正門には「飛行機研究所」の看板を掲げた。これの借用には太田町の大島戸一と成田定三郎町長が大活躍した。両名は何度も上京して東武鉄道に根津嘉一郎社長を訪ねた。ここには製図、加工組立および事務所がおかれた。建物の二階は大製図室であり、一階は小製図室、応接室、材料庫、加工場に分かれ、一〇馬力の動力機がすえられた。いよいよ中島の計画がスタートした。しかし翌年四月一日には東京帝大工科大学に付属航空研究所が創設された。まことにタイミングが悪く、中島はこのまぎらわしく、しかも非営利事業的なネーミングを放棄し、四月一日から名称を「中島飛行機製作所」と改称した。「飛行機研究所」の看板はまる三カ月ではずされた。

当工場の監督は予備陸軍少尉中島門吉である。

飛行機研究所の写真（1918年２月）（富士重工業株式会社提供）

これは有名なその当時の写真である。門札を見てほしい。「飛行機研究所」の看板が掲げられている。車の三人のうち写真に向かって左が門吉である。インターネットで調べたところ（http://www.ne.jp/asahi/airplane/museum/nakajima/）「東京三田の古道具屋で三〇〇円で買ったイギリス製の単気筒エンジン付の自動車一台」があった、という。運転しているのが奥井定次郎、中が栗原甚吾、もう一人は中島門吉といわれる。車は特徴からみて快進社製のダット号と推測する。

2　民間飛行機メーカー第一号

この中島の飛行機製作は、民間で最初の

ものではなかった。岸一太医学博士が本格的工場生産の一番手である。岸博士は耳鼻咽喉科の専門医であり、一九〇九年から東京築地明石町に病院を経営していた。また満鉄（南満州鉄道株式会社）初代総裁の後藤新平の「子分」であったから、満鉄にも勤務したことがある。岸は医者でありながら、人造絹糸、自動車、飛行機用エンジンなどを製作した。岸が飛行機用エンジンに着目したのは、一九一三年八月に、井上幾太郎工兵大佐が民間の航空機産業が必要であると語ったことがきっかけである。時の井上は陸軍省工兵課長であり、臨時軍用気球研究会の幹事であり、帝国飛行協会理事であった。岸はルノー七〇馬力の製作を始めた。

帝国飛行協会は懸賞金を設けてエンジン開発を競わせた。条件は一〇〇%国産でなくてもよく、基幹部品は輸入品の使用が認められた。一等は二万円、二等は一万円、三等は五千円の賞金がかかっていた。提出締め切りは一九一六年三月末であった。提出されたエンジンは岸博士のルノー七〇馬力、大阪の島津楢蔵のルノー九〇馬力とローン八〇馬力、東京の朝比奈順一の星形空冷一〇〇馬力など六基であった。ローンが四時間余の運転をつづけ、一位になり他は落選した。岸のルノーは二〇分で運転が停止し、クランクケースに穴があいた。

これは予想外の結果であった。なぜなら岸はすでに一月にこのエンジンをマスコミや名士の前で一時間の連続運転をしており、モーリス・ファルマン式飛行機に取り付け、飛行実験も済んでいたからである。

しかし彼は開発をやめなかった。岸は一九一六年六月にモーリス・ファルマン型飛行機を完成し、ローレン第二号エンジン[3]（これは自身の所有する剣岳の鉱山から産出したモリブデンを加えた鉄を使用）を搭載した。これが「つるぎ」号である。「つるぎ」号は七月一日に試験飛行に成功し、国民飛行会（のちの帝国飛行協会）に提供した。この成功に促されて岸は本格的に飛行機製造に着手した。それが一九一七年五月に東京府下北豊島郡岩淵町神谷に起工式を挙げた「赤羽飛行機製作所」である。一四万坪の土地に製鉄所、鉄工所、木工所、電気溶鉱炉用建物、飛行機格納庫を一列に並べ、その後列に材料庫、乾燥室、塗料室、風洞を、前には会議室、宿泊室などを建てたという。土地買収に一六万円、建物、器械に五九万円計七五万円要した。一〇月には岸の医師界からの引退と飛行機工業スタートの披露宴が帝国ホテルで大々的に催された。そして一二月には開所式が挙行された。飛行場や飛行学校も設置され、材料から完成品、エンジンから機体まで製造する総合工場であった。すべての工場が完成したのは一九一九年はじめであり、本格操業は春からであった。

この二年間に岸はエンジンはルノー七〇馬力を七、八基およびベンツ一七〇馬力を試作中であった。機体はモーリス・ファルマン型を四機製造し、これはすべて陸軍に納入した。このように「赤羽飛行機製作所」は大規模、一貫工程に特徴があった。工場は一九一九年九月の洪水により損害を出しながら、規模を拡大し自動車研究も始めた。しかし過大な投資から資金繰りが悪化し

一九二〇年九月には賃金未払いとなった。(4)

オープンから三年後の一九二一年二月には経営難により閉鎖になった。陸軍がモーリス式飛行機を廃止したことが致命傷であった。岸は経営の苦境を元満鉄重役の犬塚信太郎や財閥の浅野総一郎に訴え、援助を求めたがかなわなかった。犬塚は初代満鉄総裁の後藤新平に見出されて以来の満鉄理事の古株であり、その高収入をだれかれとなく援助しており、身の回りにはトランクひとつないといわれた人物であった。

中島は大正七年五月神戸の豪商である、川西清兵衛の出資を得て「合資会社日本飛行機製作所」を設立した。「中島飛行機製作所」は一カ月の看板であった。川西が中島を知り合った事情は次のとおりである。同じ神戸の綿糸問屋(5)に石川茂兵衛がいた。石川が第一次大戦中のブーム中に投資先を探していたとき、大阪朝日新聞の飛行記者である小山荘一郎（黒天風と号する）が飛行機製造事業の有望なことを示唆し、海軍の有望人物として中島の名前を挙げた。石川は中島を訪ねて、自分の計画への助力を懇請、中島はこのとき現役であり、拒絶した。しかし石川はその後破産し、川西が財産整理を担当、その縁で川西が出資することになった。

中島が一五万円、石川が一〇万円、川西が五〇万円を出資して、資本金七五万円の合資会社「日本飛行機製作所」が設立された。中島が所長になったが、この金額は岸博士の初期投資と同じ金額であった。

3　川西のクーデター

川西は秘書役の坂東を太田に置いた。坂東は中島における「川西の番頭」であった。坂東は二七、八歳と年こそ若かったが、頭がよく事業熱があった。川西本人は太田を訪ねることはなかったが、坂東が川西のすべてを代表した。川西には飛行機事業の未来を確信しての投資であり、自らも事業欲を持っていたから、腹心の職工には飛行機製造技術の習得を推奨した。

八月一日には中島式一型一号機が完成した。試験飛行では離陸はしたものの、まもなく墜落して失敗した。その後のテスト飛行も失敗の連続であった。

翌一九一九年になると、中島の飛行機はただ空を飛ぶだけでなく、飛行機の大会で入賞し、陸軍から初のしかも大量受注に成功するようになった。二月になると、中島四型六号機が完成した。これは従来の飛行距離の短い飛行機とは違って、よく飛んだ。それだけではなく一〇月に行われた第一回東京・大阪間郵便飛行競技会において佐藤要蔵テストパイロットの中島四型機は六時間五八分で優勝した。これは帝国飛行協会が民間飛行の発達を目的に主催したものである。日本飛行機製作所からは二人のテストパイロット、水田嘉藤太と佐藤要蔵が参加した。

この競技会のときである。連日の雨降りで、競技会は延期に延期を重ねていた。中島が出張中に日本飛行機製作所では重大問題が起きていた。中島不在をいいことに、労働者は一日五〜一〇銭の賃金引上げを要求した。機械の運転が止まった。ストライキが始まった。労働者は集会を開き、アジ演説を聞き、労働歌を歌った。夜になると松明に火がつけられ、石油缶に火をつけるものもいた。演説は「中島所長は経営者として失格であり、自分たちの生活擁護のために、経営者の交替を望む、川西氏を所長に推薦する」(6)というものだ。中島の所長職を解くとの決議があった。さらに中島を殴れば一〇〇円の懸賞金がつくという噂まで広まった。結局この騒ぎは、後ろから糸を引くものがおり、第一に労働運動ではなくて川西側の経営権奪取の試みであった。第二はアメリカからのエンジンの見越し輸入の是非をめぐってであった。中島は高馬力エンジン（ホールスコット一五〇馬力、一基が一万五〇〇〇円）一〇〇基を三井物産を介して発注した。川西はキャンセルしようとしたが間に合わなかった。

川西から見れば中島のやり方はあまりにも無暴であったし、事業として採算を考える必要もあった。利益を生まなくては投資の意味がない。

川西の自然な要求に対して中島は何を考えていたのか。中島が「経営の根本義は、良い品を造るにある。経営の才などは必要としない。いかにソロバンをはじくことに妙をえても、製品が粗悪では工場は潰れてしまう。これはあらゆる製造業に通ずる鉄則であるが、わけても飛行機製造業者にとりては、最も大切なことであると言わなければならない。常に良い飛行機を造ることに営々とし、性能の秀れたものを生産しておりさえすれば、営利を無視していても、自然に大を為すようになる。即ち、所長の使命は、良い飛行機を造ることをもって第一義とすべきで、そうすることが、又繁栄の道へも通ずるのだ。とにかく、僕は良い飛行機を造ることが自分の天職と心得ているのだから、断じて所長の地位を譲るわけにはいかない」(7)と語った。これは中島の経営哲学であり、「ソロバンより品質だ、ソロバンは後でついてくる」というのである。

中島は一五万円を川西に払いすべてにけりをつけた。川西は六〇万円を出資して、この三年間に利益配当がないばかりか、出資金の全額回収すらできなかった。だが飛行機つくりのノウハウは習得し、のちに川西航空機として実を結ぶ。

他方中島は一週間で一五万円(8)をそろえなければならなかった。そこで群馬からの政友会代議士の武藤金吉《キンキチ》を訪ねた。武藤は支援を約束しただけでなく、同じく群馬出身の代議士の葉住利蔵《ハズミトシゾウ》を紹介した。葉住は群馬県太田町出身の政友会代議士で、選挙地盤は東毛六郡であり、武藤とライバルであった。葉住は利根発電株式会社社長や新田銀行の頭取を兼ねた太田の名望家であった。葉住は快諾した。葉住は大正時代の中頃に私立の金山図書館を作り町民に開放した。当時の金で三万円である。

一九一九年一二月二六日合資会社日本飛行機製作所を解散し、知久平は中島飛行機製作所を再スタートさせた。武藤金吉、葉住利蔵、大島戸一の三名を顧問とした。大島は新田銀行専務であった。

中島はこの時代には二人の恩人がいる。井上幾太郎将軍と武藤金吉である。中島は太田工場の自室に二人の写真を飾り毎朝これを拝んでいた。資金調達のために尋ねた人物が、群馬政界のボスである武藤金吉であった。武藤はこの訪問を歓迎し、頼みを快諾し、話を群馬農工銀行につないだ。武藤はこのほかに洋行したさいにはフランスの発動機パテントを入手した。武藤への恩返しは選挙ごとに絶大な協力を惜しまず、武藤亡きあとは未亡人を厚遇し、遺児を中島事務所主任とした。せめて物や金銭でお返しをしようというのである。井上将軍は中島飛行機が困難なときに飛行機を買ってくれた。この恩にどう報いるべきか、知久平は思案した。

一九三一年六月渡辺一英は中島を訪ねた。中島は渡辺に「お世話になった井上閣下にお礼が済んでない。何しろ閣下はこれ（親指と人さし指で丸をつくり）を絶対に受取られないし、物も受取ってはくださらない(9)」と相談した。そこまで井上は清廉潔白、公私の関係は冷厳なまでに公正を貫く人物であった。そこで渡辺は自分が井上の伝記を書こうと思っている、しかも「航空界の恩人井上幾太郎」、「軍人井上幾太郎」、「人間井上幾太郎」の三冊を三年間三万円でやろうと、はなした。中島はこの話にすぐ賛成した。紙代と印刷代は別にして、五万円を出そうといった。この頃一万円あれば生まれて大学を卒業するまでの学資と生活費がまかなえる。もってこの金額の大きさを知る。

渡辺は井上のところにとんだ。井上は喜ぶどころか渡辺に、「わしは中島さんに私恩を施した覚えはない。中島さんは日本の国防の欠陥を救うために挺身された立派な愛国者であって、最も真面目な飛行機製作者だ。わしはそういう人の進出を待望していた時に中島さんが現れたので、喜んで軍航空のために協力して貰ったのだ。おかげで陸軍でも海軍でも大助かりしている。だからこちらの方でお礼をいいたいと思っているくらいだ」[10]とことわられた。

井上は一九三三年三月六一歳にて待命となる。いくつもの軍需会社が顧問に迎えようとしたし、中島飛行機は好条件をもって迎えようと運動した。しかし井上はどこにも天下らなかった。修養団体である「乃木講」の代表をボランティアで引き受けただけである。

このように井上と中島と二人の間には「国を思う」ところに共通の思いがあったが、現在の日本社会のごとき官僚と民間企業のギブアンドテーク（癒着）と「天下り」の関係はなかった。しかしひとつだけ二人の間にやり取りがあった。一九三七年六月中島は鉄道大臣になった。このお祝いに井上が自筆の掛け軸を贈った。井上はこの掛け軸に一年の歳月と七〇円の金粉と紺青を使った。絵は雌雄の孔雀に牡丹の花を配した一幅である。このお礼に中島は王克敏からもらった唐墨を贈った。この墨は乾隆帝の命により作られたもので、一二角形をしており表面には「御墨七草図」、側面には「景福宮珍蔵」と文字が刻まれている。

4　川西航空機製作所

川西竜三は出資金を引き上げて、飛行機業界から去ったかというと、否である。彼は中島同様に飛行機産業の将来性を確信していた。一九二〇年二月神戸に川西機械製作所を設立した。早速飛行機の設計と組立を開始した。最初の飛行機は川西K‐1郵便機であり、かつて太田にいた関口英二が設計主務として、一九二〇年一二月に完成した。これは翌年五月に開かれた帝国飛行協会主催の第二回民間飛行大会に参加し、距離と速度の両方で優秀な成績を上げた。こうして中島とは異なり、川西は第一号機が飛行しただけでなく競技会で優秀な成績を残した。

その後川西は一九二八年の太平洋横断用の川西一二型まで複葉機、単葉機、水上機、陸上機を一〇種ほど製作した。そのうち注目すべきは以下の機種である。いずれも関口英二らの手になるものである。川西式六型水上機は一九二四年に完成し日本一周に成功した。川西式七型水上機と川西式一〇型陸上機は一九二六年に大阪・上海間と大阪・大連間の日中連絡飛行を行った。また川西一二型陸上機は一九二五年に完成し、航続距離が六〇〇〇～七〇〇〇キロメートルに達する優秀機であった。川西の場合エンジンは生産しなかったが、機体はすべて独自の設計であった。

一九二八年一一月に製作所から航空機事業を分離し、川西航空機株式会社となり海軍の指定工場になった。このときから成長が始まり、翌年にはイギリスのショートブラザーズ社からKF飛行艇（のちの九〇式二号飛行艇）とカルカッタ飛行艇の製造権と技術導入を行い、エンジンはロールスロイスから技術導入を図った。ショート社から技術者一〇名ほどが来日し、一年半にわたり飛行艇に関する技術を教授した。

一九三二年に海軍は軍用機の設計試作を民間会社に発注することとなり、川西が受けたのは七試水偵である。川西の機体は中島、愛知を押しのけて九四式水偵として制式採用された。本機は翼組構造、脚支柱のとり方、浮舟の外形と内部構造、銃架の構造、引込式冷却器などが水偵の基本構造として満足のいくものであり、五〇〇機以上を製作し、ここに川西は航空機メーカーの基礎を築いた。

その後に成功を収めたのは九七式飛行艇、二式飛行艇、紫電局地戦闘機、紫電改などである。九七式飛行艇は短秒時の容易な離水と小型機よりも上昇力があるし、操縦安定性が高く、長距離哨戒飛行艇の主力として二〇〇機以上が製作された。主翼に波板構造を採用したことはアメリカのマーチン社の四発飛行艇と同じであった。したがってこれは模造ではなく開発力がついたことになる。本機は飛行艇の世界水準到達の指標である。二式飛行艇（一三試大艇、のちの二式大艇）は一九三八年に試作が指示された。制式採用となり、二〇〇機が製作され、太平洋戦争で使用された。米軍は戦後一機を持ち帰り四発飛行艇の「コロナド」と比較したところ、二式飛行艇は航続距離と速度で大幅に米国水準を超えていたという(11)。紫電局地戦闘機には「強風」で実用化された自動空戦フラップ操作装置や油圧の引込脚装置、翼に二〇㎜機銃を四基装置した。エンジンは中島の誉であった。紫電改は主翼を低翼化して胴体を細くし視界を改良するなどにより好結果が得られたから、川西のみならず工廠や他の会社で大増産が計画された。実際の製作数は川西の四〇〇機とその他メーカーの数機にとどまった。

一九三〇年に本工場を鳴尾に移転し、一九四一年には甲南製作所と宝塚製作所を官設民営工場として建設した。一九四二年には日本毛織姫路工場を飛行機工場に転用し姫路製作所とした。一九四三年には官設の鳴尾飛行場を建設した。

こうして川西航空機は半官半民方式により戦時下での設備を拡張しており、一九四五年七月には中島飛行機についで二番目に第二軍需工廠になった。

川西は「外国機を購入するより自前での試作」を選んだメーカーである。技術自主開発主義である。戦後は新明和興業と変更し防衛庁向けやYS-11のプロジェクトに参加している。

5　軍用機の大量発注

中島に対しては陸軍、海軍から大量の注文が舞い込んだ。以下では飛行機の種類、特徴、生産機数などを紹介しよう。[12] まずは陸軍機である。

①中島式五型練習機

一九一九年五月、陸軍から日本飛行機製作所に対して中島式五型の、陸軍機としての採用試験が指示された。中島式五型は陸軍が民間に注文した最初の飛行機である。中島知久平所長が指揮し、佐久間次郎が設計製図を、関口英二が強度試験、宮崎達男が実験・艤装、栗原甚吾が工作を担当していた。エンジンは輸入品の米国製ホールスコット一二五馬力であった。彼らは中島式四型まですでに六機を製作していたから、その経験に加えてアメリカのスタンダードH‐3とドイツのアルバトロスC‐2を設計参考にした。

一九二〇年四月、所沢飛行場における第一号機のテスト飛行が好成績を収めた。中島式五型は民間製造では初の制式機となった。陸軍は一〇〇機を発注した。なお量産機のエンジンにはホールスコット一五〇馬力やベンツ一三〇馬力も使用された。製作数は一九一九年四月から一九二一年五月までに一一八機になる。飛行機は航空隊や飛行学校に支給されて練習機として使用された。ただし失速性やエンジン下部に排油穴がないため空中火災事故をおこすなど問題が多く、陸軍は採用をやめて甲式に転換する（単発複葉、陸上機、乗員二名、ホールスコットエンジン水冷直列六気筒一五〇馬力、自重七八〇キログラム、全備重量一一三〇キログラム、最大速度時速一二八キロメートル）。

②陸軍二型滑走機

陸軍は一九二一年地上滑走練習機を必要とし、陸軍航空本部所沢支部で設計した。一型は所沢で製作し、二型を中島が製作した。二型はグノーム式エンジンをのせたニューポール式構造であり、一九二一年六月に一号機が完成し、同年中に全部で五機が納入された。

③陸軍甲式三型練習機

陸軍は一九一七年、フランスからニューポール24-C1を輸入し、陸軍最初の制式戦闘機とした。一九一九年三月から所沢で生産が始まり、一九二一年に甲式三型戦闘機と改称され、中島に生産が移された。中島は一九二一年七月に一号機を完成し、この年に計三〇機、二二年に四七機、計七七機を生産した。二式、甲式は運動性能に優れており、大正末期の陸軍戦闘機の主力であった。民間に払い下げられてからも曲技飛行機として活躍した（単発一葉半、陸上機、乗員一名、ル・ローン空冷回転星型九気筒エンジン八〇また一二〇馬力、自重四一五キログラムから四五〇キログラム、全備重量五九五キログラムから六三〇キログラム、最大速度時速一三七キロメートルから一六三キロメートル）。

④陸軍甲式二型練習機

一九一九年一月、フランスからのフォール大佐一行が持参したのがニューポール83‐E2であり、陸軍の練習機として使用された。国産化するにあたって81‐E2は三菱、83‐E2は中島に発注した。呼称統一により前者は甲式一型、後者は甲式二型となった。中島は一九二二年三月から七月にかけて四〇機を組み立てた。大正末まで陸軍飛行学校や民間飛行学校の教材になった（単発複葉、陸上機、乗員二名、ル・ローン空冷式回転星型九気筒八〇馬力、自重四四〇キログラム、全備重量七一〇キログラム、最大速度時速一四〇キロメートル）。

⑤陸軍甲式四型戦闘機

陸軍が一九二三年にフランスから輸入したニューポール29‐C1は第一次世界大戦後にニューポール社が完成したフランス空軍制式機であったし世界的傑作機であった。陸軍は同機を甲式四型とし生産を中島に発注した。中島は製作権と資材を買い一九二三年一二月に一号機を組み立てた。合計製作数は一九三二年までに六〇八機に達し、陸軍初の大量生産機である。この機は流線型の木製モノコック構造をしており、ランブラン式冷却に特徴があった。一九二五年から一九三三年まで陸軍の主力戦闘機であった。性能は優れていたが低速時の横滑りや失速またエンジン故障がみられた（単発複葉、陸上機、乗員一名、三菱イスパノスイザ水冷V型八気筒エンジン三〇〇馬力、自重八二五キログラム、全備重量一一六〇キログラム、最大速度時速二三二キロメートル）。

⑥中島N-35試作偵察機

一九二六年陸軍は新しい偵察機の競争試作を川崎、石川島、三菱に命じた。中島は三竹忍を設計主任として、フランスのポテー二五とブレゲー一九を参考に独自機を設計した。これにはフランスから招いたマリーとロバンの指導があった。一九二七年に完成し加藤寛一郎操縦士が試験飛行したが、機関が故障し不時着大破した。一機のみ製作した（単発一葉半、陸上機、乗員二名、ロレーンW-18水冷W型一八気筒六五〇馬力）。

⑦中島式ブルドッグ型戦闘機

一九三〇年中島はイギリスのブリストル社からブルドッグのライセンスを購入し、フリーズ技師とダン助手を招いた。一九三〇年から翌年にかけて二機試作したにとどまった。国産部品使用による強度不足により、陸軍の審査を受けるにいたらなかった（単発複葉、陸上機、乗員一名、中島ジュピター七型空冷星型九気筒四五〇馬力、自重一〇〇〇キログラム、全備重量一六〇〇キログラム、最大速度時速二七四キロメートル）。

⑧中島九一式戦闘機

陸軍は一九二七年に新型高性能戦闘機の試作を中島、川崎、三菱に命じた。陸軍の第一回コンペティションである。中島はマリーとロバンの指導の下に大和田繁次郎と小山悌らにより、一九二八年パラソル型単葉機一号機、二号機を完成させた。川崎と三菱がドイツ式の無骨なのに対して本機は、フランスのニューポール式を連想させる流線型のスマートな機体に空冷エンジンを載せたものである。所沢での審査と地上破壊試験により、全機不合格となった。しかし陸軍は空冷エンジンを国産化した中島を買っており、改善を命じた。その結果一九三一年に制式採用となり満州事変にさいし、大量生産に入った。製作数は一九二八年の二機試作から一九三九年までに中島が三五〇機、立川飛行機が一〇〇機になる。流線型の機体、事故も少なく、取扱いも容易であり、国産戦闘機として成功の部類であった。愛国号として多くが献納された（単発パラソル高翼単葉、陸上機、乗員一名、中島ジュピター七型および中島寿二型空冷星型九気筒、四五〇～四六〇馬力、自重一〇七五キログラム、全備重量一五三〇キログラム、最大速度三〇〇キロメートル）。

以上は中島知久平がかかわった陸軍機である。次に海軍機を見よう。

①海軍横廠式ロ号甲型水上偵察機

ロ号甲型は中島知久平海軍機関大尉の指導と馬越喜七大尉の設計により、一九一七年に原型ができ、横須賀海軍工廠で三二機が製作された。一九二〇年から愛知時計電機航空機部および中島飛行機の両民間メーカーにより製作された。製作数は一九二四年までに愛知が八〇機、中島が一〇六機の計二一八機である。海軍最初の量産水偵である。本機は速力と運動性能に優れ、そのためにファルマン型水上機を旧式とし、設計主務の馬越大尉は海軍大臣から表彰された（単発、複葉、水上機、乗員二名、三菱イスパノスイザ水冷V型八気筒二〇〇馬力、自重一〇七〇キログラム、全備重量一六二八キログラム、最大速度時速一六八キロメートル）。

②海軍アブロ式練習機

アブロ五〇四練習機は一九二〇年代において世界で最も実用的な練習機でありイギリスの傑作である。一九二一年にイギリスからのセンピル大佐ら航空使節団が持ち込んだもので、海軍は技術者をアブロ社に派遣し工作技術を習得させまた製作権を購入した。中島と愛知の二社にコピー生産を依頼した。中島では一九二二～二四年にかけて二五〇機を生産したが、愛知の製作数は不明である。初期の練習機では最高傑作機といわれた（単発、複葉、陸上機、乗員一名、ルローン空冷式回転星型九気筒一二〇馬力、自重五五七キログラム、全備重量八三〇キログラム、最大速度時速一四四キロメートル)。

③海軍ハンザ式水上偵察機

ハンザ・ブランデンブルグW-33水上偵察機は第一次世界大戦でのドイツからの戦利品である。一九二二年に海軍が採用し中島と愛知に発注した。ドイツの設計者はエルネスト・ハインケルであり、進歩的な構造、合理的な設計、飛行性能の優秀性などが評価された。中島は一九二二~二五年に一六〇機、愛知が一五〇機、計三一〇機が製作された(単発、低翼単葉、陸上機、乗員二名、三菱イスパノスイザ二〇〇馬力、自重一四七〇キログラム、全備重量二一〇〇キログラム、最大速度時速一八二キロメートル)。

④中島式ブレゲー水上偵察機

中島はフランスのブレゲー社からブレゲー19を二機輸入して組立て、朝日新聞の「初風」、「東風」とした。中島は同機の製作権を買い中島ブレゲー19-A2偵察機として完成させた。海軍から水上長距離偵察機の要求があり、中島は同機に金属製浮舟と増加燃料タンクを取り付けてブレゲー19-A2Bを提案し、試作機として買い上げられた。製作機数は一九二五年の一機である(単発、一葉半、陸上または水上機、乗員二名、ロレーン二型水冷W型一二気筒四五〇馬力、自重一三八〇キログラム、全備重量三二四〇キログラム、最大速度時速二〇〇キロメートル)。

⑤海軍一五式水上偵察機

海軍は一九二四年、戦艦と巡洋艦に搭載できるカタパルト式発射の水偵を横須賀工廠、愛知、中島に競争試作させた。横須賀は「辰号水偵」、愛知は「一五式甲型」、中島は「一五式乙型」と名づけられ、エンジンはいずれもヒ式三〇〇馬力である。中島の設計主務は吉田孝雄技師であり、ハンザの欠点を改め下方視界が広かった。中島のものが一九二七年に国産初の艦載水偵となった。中島製は一型、二型と民間機をいれて一九二七~三〇年に五〇機、ほかに川西製が三〇機、計八〇機になる。本機は初のカタパルト発射用の実用機である。民間では郵便輸送や魚群探知に使用された(単発、一葉半、水上機、乗員二名、三菱ヒ式三〇〇馬力水冷V型八気筒、自重一四〇九キログラム、全備重量一九五〇キログラム、最大速度一八六キロメートル)。

⑥海軍三式艦上戦闘機

一九二六年、海軍は三菱、中島、愛知の三社に対して、一〇式に代わる次期艦戦の競作を指示した。中島はイギリスのグロスター社から「ガムベット」を購入した。中島の吉田孝雄技師は日本向けに改良し、三菱鷹型と愛知のH型を破り一九二九年に採用された。本機はジュピター六型搭載であり、一九三〇年には「寿四六〇馬力」搭載の三式二号となった。それにより一層軽量化され格闘性能が向上した。製作数は一九二九～三〇年が「一号」五〇機、三〇～三二年が「二号」一〇〇機、計一五〇機になる。試作機および制式機において、一般性能、運動性能、格闘性能が日本一と言われた。三式二号艦戦は上海事変での空中戦に参加した日本最初の戦闘機であり、一九三二年二月二二日生田乃木次大尉以下の三機がアメリカ人操縦教官ショートが載ったボーイングP‐12を蘇州上空で撃墜した事で知られる。四月二六日にも中国軍機を数機撃墜し、上海事変の花形戦闘機であった（単発、一葉半、艦上機、乗員一名、中島ジュピター六型空冷星型九気筒四二〇馬力、中島寿二型空冷星型九気筒四五〇馬力、自重九五〇～八八二キログラム、全備重量一四五〇～一三七五キログラム、最大速度時速二六〇キロメートル）。

⑦**海軍九〇式二号水上偵察機一型、二型、三型（E4N1、2、3）（NZ）（NJ）**

中島は一九三〇年に、カタパルト発射用の近距離複座水偵一型、二型、三型を試作した。一型E4N1（社内名称NZ）は三竹忍技師の設計であり、主翼は木製骨組羽布張りであるが、胴体はクローム・モリブデン鋼管の骨組みに機首は軽金属張り、浮舟は全金属製であった。二機の試作で中止になった。エンジンは中島製ジュピター六型四二〇馬力である。

二型E4N2（NJ）は明川清技師の設計であり、アメリカのコルセア型を改良した単浮舟である。ひとつの改良点はエンジンがP&Wワスプ四二〇馬力から中島ジュピター六型四二〇馬力および中島寿の四五〇馬力または五八〇馬力を搭載したことである。一九三一年に制式採用された。浮舟を外したのが三型（E4N3）である。二型は戦艦、巡洋艦用の近距離艦載水偵として、また軽快な運動性能をもつ戦闘機や急降下爆撃機などとして使用された。製作機数は一九三一～三三六年に水偵が八〇機、一九三三～三六年に艦偵が五機、計八五機、なお川西が一九三二～三四年に六七機の水偵を製作した（単発複葉、水上機、乗員二名、中島寿二型改一空冷星型九気筒四五〇馬力、自重一二五二キログラム、全備重量一八〇〇キログラム、最大速度時速二五〇キロメートル）。

⑧海軍九〇式艦上戦闘機（A2N1-3）（NY）

吉田孝雄技師の主務設計により一九二九年に、三式艦上戦闘機改良型を二機完成させた。エンジンはジュピター六型であるが、九〇式艦戦または吉田ブルドックと呼ばれた。評価を得られず、ボーイングF4B艦戦に似せた主翼と寿二型を装備したところ一九三二年に制式採用となった。三式艦戦より運動性能が格段に向上し、日本人設計が世界一流の仲間入りをしたものである。製作機数は一九三二～三六年が不明、三六～三九年が六六機である（単発複葉、艦上陸上機、乗員一名、寿二型空冷星型九気筒四六〇馬力、自重一〇四五キログラム、全備重量一五五〇キログラム、最大速度時速三一六キロメートル）。

⑨試作六試艦上複座戦闘機（NAF－1）

一九三一年海軍はⓐ小型爆弾による急降下爆撃ができる強度を保つ艦上複座戦闘機、ⓑ主翼は折りたたみ式、ⓒ前方と後方を機関銃で武装、ⓓ燃料タンクが増設できる、などの条件をつけて、中島に試作を命じた。明川清が主務設計者となり、一九三二年に一号機を完成し、社内名称のNAFは中島明川ファイターの略である。製作機数は一九三二年に一機である。最初の国産複座戦闘機であり後の九五式水偵や九五式艦戦につらなる（単発、複葉、艦上陸上機、乗員二名、寿二型空冷星型九気筒四六〇馬力、自重一二七〇キログラム、全備重量一八四四キログラム、最大速度時速三〇〇キロメートル）。

⑩試作六試艦上特殊爆撃機

一九三一年海軍は中島に日本初の艦上急降下爆撃機の試作を命じた。これは海軍技術研究所航空機部の長畑順一郎技師がアメリカのカーチス社やチャンス・ヴォート社を視察後設計したものであり、上翼と下翼の位置に工夫があった。中島の山本良造技師が細部を担当し一九三二、三三年に二機を試作した。中島の藤巻恒男一等操縦士が試験飛行中急降下から引き起しできないまま尾島町の畑に突っ込んで即死した（単発、逆スタッガー、複葉艦上陸上機、乗員二名、寿二型空冷星型九気筒四六〇馬力、自重一五〇〇キログラム、全備重量二三〇〇キログラム、最大速度時速二二五〇キロメートル）。

⑪試作七試艦上戦闘機

一九三二年から海軍は主要機の純国産化に着手した。その第一歩として三菱と中島に九〇式艦戦に代わる新艦戦の競争試作を命じた。中島は小山悌を主務設計者としてパラソル型単葉艦戦を同年に完成させた。しかし不合格であったから、一機の試作に終わった（単発、高翼単葉、艦上陸上機、乗員一名、寿五型空冷星型九気筒四六〇馬力、自重一一〇〇キログラム、全備重量一六〇〇キログラム、最大速度時速三二〇キロメートル）。

⑫試作七試艦上攻撃機（Y３B）

一九三二年海軍は三菱、中島に対して新型艦攻の試作を指示した。中島は吉田孝雄を設計主務者とし、新エンジンの光七三〇馬力を搭載する複葉機を完成させた。主翼構造の大胆なデザインに特徴があった。しかし審査に不合格であった。試作数は二機である（単発複葉、艦上陸上機、乗員三名、中島光二型空冷星型九気筒七〇〇馬力、自重二〇〇〇キログラム、全備重量三八〇〇キログラム、最高速度時速二四〇キロメートル）。

以上、中島知久平が海軍用として関与した飛行機の概要である。

次は中島飛行機が開発した民間機である。

①中島式一型複葉機

これは飛行機研究所の時代、すなわち一九一七年一二月から設計製図が始まった。陸軍に納入するための試作機であり、文字通り第一号機である。設計製図は中島知久平、佐久間一郎、奥井定次郎、工作は栗原甚吾が担当した。「中島式一型一号機」は一九一八年七月、「合資会社日本飛行機製作所」により完成した。アメリカ製ホールスコット一二五馬力エンジンを搭載した。八月一日尾島飛行場にて、佐藤要蔵飛行士がテスト飛行したところ墜落して大破した。

一型機の途中から海軍向けの水上機である二型機の製作が始まったが、完成まではいたらなかった。

そこで大破した一号機と二号機の部品をあわせて、「一型二号機」として製作した。八月二五日、尾島飛行場にて岡楢之助騎兵大尉による試験飛行が行われ、今度は数分間飛行したが着陸時に破損した。これを修理して「一型三号機」とした。同機は各務原飛行場において岡が操縦し一七分間飛んだ。またしても着陸時に破損した。太田で修理改造して「一型四号機」とし、一一月九日再び尾島で飛行したが、故障して利根川に墜落し佐藤飛行士は重傷を負った。結局製作は一機であり、これは納入されなかった（単発複葉、陸上機、乗員二名、ホールスコットA-5水冷直列六気筒一二五馬力、自重八〇〇キログラム、全備重量一二〇〇キログラム、最大速度時速一二〇キロメートル）。

②中島式三型複葉機

二型機はなく、三型機は中島知久平が海軍時代に設計した横廠式水上偵察機と同じ構造とし、プッシャー式ではなくトラクター式を採用した。エンジンはホールスコットである。一九一八年一二月に完成した。無風の時には安定飛行ができた。中島の最初の成功機である（単発複葉、陸上機、乗員二名、ホールスコットA-5水冷直列六気筒一二五馬力、自重八〇〇キログラム、全備重量一二〇〇キログラム、最大速度時速一〇〇キロメートル）。

③中島式四型複葉機

中島知久平所長が指導し佐久間二郎、関口英二、宮崎達男らが担当した。栗原甚吾もかかわった。主翼の構造はドイツのアルバトロス偵察機の形式であった。一九一九年二月に完成し、陸軍の審査を受け、大量の注文を受けた。陸軍に採用になったのが、陸軍の要求を加えた五型である（詳しくは陸軍機五型練習機を参照）。一機造られ中島の実験機であった。一九一九年一〇月に行われた第一回東京・大阪懸賞郵便飛行競技会では、佐藤要蔵飛行士が、往路三時間四〇分、帰路三時間一八分、計六時間五八分で優勝した。世間に中島機が躍り出た（単発複葉、陸上機、乗員二名、ホールスコットA-5水冷直列六気筒一二五馬力、自重七〇〇キログラム、全備重量一二〇〇キログラム、最大速度時速一三〇キロメートル）。

④**中島式五型複葉機**

中島式五型は一一八機製作され、内訳は陸軍が一〇〇機、台湾総督府が一機、民間が一七機であった。一九二〇から二四年にかけて各地で開催された懸賞付飛行競技会には中島機が最も多く参加した。

⑤**中島式六型複葉機**

本機は強力なリバティー・ホールスコットエンジンを装備し機体の強度を改めた。一九一九年一〇月の第一回東京・大阪懸賞郵便飛行競技会では、往路では失敗したが、帰路に二時間一〇分という驚異的新記録を出した（単発複葉、陸上機、乗員二名、リバティー・ホールスコットL-

6水冷直列六気筒二〇〇馬力、自重八五〇キログラム、全備重量一三〇〇キログラム、最大速度時速一四〇キロメートル)。

⑥中島式七型複葉機

アメリカ在住日本人から帝国飛行協会に寄せられた資金で製作した「在米同胞号」である。六型を改良し一九二〇年に一機製作した。本機は中島が軍需で多忙になったため民間機の最後である。一九二〇年四月の東京・大阪間七三〇キロの往復無着陸飛行競技会に参加した(単発複葉、陸上機、乗員二名、スターテヴァント5A水冷V型八気筒二一〇馬力、自重八五〇キログラム、全備重量一三〇〇キログラム、最大速度時速一五〇キロメートル)。

⑦中島式B-6型複葉機

住友金属工業が試作した「住友軽銀」を材料とした金属製骨組の飛行機がこれである。一九二二年に完成した。設計はフランスのブレゲー、エンジンはイギリスのロールスロイス「イーグル」である。「軽銀号」として知られた(単発複葉、陸上機、乗員二名、ロールスロイス「イーグル」八型水冷V型一二気筒三六〇馬力、自重一一七一キログラム、全備重量一九五〇キログラム、最大速度時速二〇八キロメートル)。

民間飛行機工場第一号の「赤羽飛行機製作所」に比べると、中島の工場は小さいので、機体製作から始めた。赤羽の総合性に対して、小規模専門工場に特徴があった。これは中島の考え方による。すなわち①マーケットは小さく、②中島は経営者であるとともに技師長であり生産能力を集中させる必要があり、③資金の制約があったからである。中島の堅実経営がよく現われている。経営資源は限られているので分散してはならず、集中すべきである、というのだ。

一九二〇年春には陸軍から中島式五型七〇機と、前年度分を数機、そして海軍からの初注文として横廠式ロ号甲型三〇機という大量受注に沸いていた。来たのは注文だけではなく、中島式五型への陸軍からのクレームも一緒だった。一九二〇年四月から日本飛行機製作所は陸軍に中島式五型機（複葉木製一五〇馬力、時速一二八キロメートル）の納入を始めた。それからまもなくの頃である。中島式五型への批判が所沢や下志津の現場将校から起こった。中島式五型に関してはキャブレータ不良による火事や粗雑なつくりからくる小さな事故が頻発した。原因は手抜き生産であった。ことは人命にかかわるから陸軍はこれを問題にし、井上航空本部長は徳川好敏少佐を太田に派遣した。徳川少佐は査察の結果を、五月七日「中島飛行機製作所ニ関スル情況報告」として井上に提出した。内容は「工場ノ経営編成法ニ就テ」、「検証作業ノ弊害」、「所内検査ニ就テ」、「製品ニ就テ」であり、検査官を常置することでいっそうの発展を期する、というものである。報告に基づき井上は中島を呼んで注意を与えた。すなわち検査官を派遣して検査の厳密化を図ることと、代金支払いの便宜を図ることである。[13] ここには井上の民間航空機産業育成の姿勢が現われていた。品質への要求を厳しくし、それでもついてこれるように、他方では飛行機産業を育成しようとしたのである。

陸軍があるとき中島に工場の建て直しを命じた。それは中島の工場が不完全なため、それが品質に影響していると見て、改造しなければ注文を出さないというものであった。中島の重役たちは改築すれば生産は中止せざるをえず、新築では土地買収など相当の資金を必要とすると考えた。中島社長は「移転新築案もバラック建築案も名案ではない」と拒否し、「現在の工場を中止せず完全にする為には、現工場をその儘にしておいて更にその工場を包容する大建築を施せば善い」[14]と決断した。建物の上に一段大きい建物を作ればよい。これによれば生産を中断しないですむ。改築と増築を生産を継続しながらやろうというのだ。

6　フランス飛行機使節団

一九一九年一月フランス航空団が来日した。このときパリでは講和会議が開かれており、日本から西園寺公望、牧野伸顕らが代表として派遣されていた。それと交差する来日であり、第一次世界大戦の終了が反映している。一行はジャック・ポール・フォール砲兵大佐を団長とし、総勢六三名からなる航空に関する技術指導団であり、フランス政府が全面的に後援した。往復の旅費と給与はフランスが負担した。期間は三カ月を予定したが、発動機製作と操縦班は一年以上になった。(15)

日本の受け入れは陸軍であり、「臨時航空術練習委員」を設け井上幾太郎少将を委員長とした。委員四三名と、練習員、各航空部隊が参加した。彼らは①各務原の操縦班、②下志津の偵察班、③浜名湖畔の新居での空中戦闘射撃班、④三方ヶ原の爆撃班、⑤所沢の飛行機機体製作班と⑥所沢の気球班、⑦名古屋熱田の発動機製作班、⑧東京と埼玉の航空現地戦術、⑨砲兵工廠の航空機材料検査、というの九つの班に編成された。海軍はまたグランメーソン海軍大尉を追浜に招き、海軍が輸入したフランス製テリエー式飛行艇の組み立てと操縦の指導を受けた。

フランス航空団が使用したのはもちろんフランス製ばかりの、ニューポール式、ソッピース式、スパット式、サルムソン式であり、ニューポール式が最も多かった。これを機に陸軍はファルマンが終わりニューポールの時代になる。陸軍は一九二一年からファルマン製作を中止し中島五型注文も打ち切った。ファルマン製作のみの岸博士の赤羽飛行機製作所はここで息の根を止められた。他方中島は陸、海軍から二式を計一〇〇機の注文を受け工場はにわかに活気づいた。

こうしてフランスの飛行機と技術が入ってきた。フランス政府が後押ししたこのキャンペーンは第一次世界大戦後の軍需産業不振に先手を打つものであった。フランスにとっては新しい市場の開拓につながる。日本にとっては新技術の獲得になる。こうして先進国の技術が後進国へと伝播するのである。中島知久平はフランスの水準の高さを知り、ただちに弟の乙未平をパリに向かわせた。五月のことである。乙未平は大学を出ると三菱に入り、中島に転職したら、フランス出張である。すべて兄の知久平の指示通りである。乙未平の仕事はフランス航空技術導入全般であり、具体的には飛行機や資材の購入、ヨーロッパ航空界の情報入手である。乙未平の滞仏は一九二七年四月の帰国まで七年に及んだ。中島の「米櫃《こめびつ》機」といわれたのがフランスから技術導入の「甲式四型戦闘機」（本書一五五頁）である。これは一九二三年から三二年まで合計六〇八機に及ぶ、中島初期の最量産機種であり、フランスのニューポール式二九C一型はフランス第一流の複葉戦闘機であった。イスパノスイザ三〇〇馬力エンジンを載せていた。

7　イギリス航空使節団

陸軍はフランスから使節団をよんだが、海軍はイギリスから招いた。センピル大佐以下総勢三〇名は一九二一年の春から夏にかけて霞ヶ浦にやってきた。これには軍務局航空部主任の大関鷹麿中佐が「個々に出張するのでなく、たくさんの先生を呼んで一ぺんにレベルアップを図ろう」(16)

という決断のもとに、ロンドン大使館付武官の小林躋造少将に斡旋を依頼した。その結果はフランスのフォール大佐一行の半分であるが、センピル大佐（団長）、メーヤス中佐（副団長）、ファウラー少佐（飛行部長）、エルドリッチ少佐（兵器部長）など三〇名である。

海軍は臨時海軍航空術講習部を編成し、田尻唯二少将を部長とし、臼井国中佐（副部長）、塚原二四三少佐（内務主任）、松永壽雄少佐（兵学科主任）らを責任者に、講習者は室井留雄、大西瀧治郎、今村脩、酒巻宗孝、吉良俊一、千田貞敏の各大尉、その他であった。センピル大佐はスコットランドの貴族出身で第一次大戦で殊勲をあげた人物で教え方は厳格であった。ファウラー少佐（操縦主任）、アトキンソン少佐（整備主任）、ブラックレー少佐（飛行艇主任）、スミス少佐（艦隊作戦主任）、ブライアン大尉（水上機主任）、オードリース少佐（落下傘主任）などが責任者であった。

持参の飛行機は「アヴロ」、「スパロー・ハウク」、「パーナル・パンサー」、「ブラック・バーン」、「シール」、「バイキング」、「F五号飛行艇」である。陸上機、雷撃機、水陸両用機、飛行艇など多様であった。

霞ヶ浦では艦上機の操縦と射撃、偵察、爆撃の訓練、横須賀では水上機、飛行船、気球の操縦訓練を行った。セルピン大佐は勲三等を与えられ一九二二年一一月に帰国した。オードリース少佐らはもう少し滞在した。これにより「海軍航空は面目を一新した」のである。

8　代議士となる

武藤金吉が急逝した。周囲は中島の出馬を熱望した。というよりも選挙区民が何回も押しかけて立候補を願ったが、中島は「現在政界に出ている人を大成させた方が宜いから、私は陰で働きませう」[17]といってなかなか返事をしなかった。

選挙運動を地元で推進したのは飯塚忠吉（新田郡尾島町大字前小屋六〇）、石原蝶作（山田郡休泊村大字龍舞九七）、山本栄四郎（邑楽郡大島村大字大島）、増田長吉（邑楽郡伊奈良村大字岩田中）、松澤知司（邑楽郡三野谷村大字野辺）、前原良太郎（桐生市大字下久方）、天笠昇平（新田郡鳥之郷村大字鶴生田）、藍原和十郎（山田郡相生村大字天王宿）、本島自柳（新田郡太田町大字太町）らであった。彼らは中島を勝手に押し立てて当選させることになるが、選挙運動では何度も選挙を経験している武藤の未亡人が大活躍した。

一九三〇年末の第五十九議会は民政党浜口内閣にとり金解禁後の財政確立とロンドン条約締結後の国防計画樹立が課題であった。浜口が凶弾に倒れ、幣原外相が首相代理として議会に臨んだ。一九三一年二月三日衆議院予算総会、中島はロンドン条約に対する政府の所信を質した。幣原首相代理は「ロンドン条約はすでに批准されている。批准されているから国防を危うくするものではない」と、答弁し、議場は騒然となった。一年生代議士が活躍する場はないのだが、幣原は甘く見たのかもしれない。衆議院本会議はストップし、幣原の「失言であり、取り消す」まで混乱が続いた。

一九三一年犬養内閣が成立し、中島は商工政務次官になった。当選一回であるから異例の出世である。前田米蔵が商工大臣であり、中島は郷里の先輩である青木精一を推したが、結局中島に落ち着いたのである。こうして共に仕事をすることになった中島を前田はどう評価していただろうか。

「……中島君は非常に真面目な意思の強い人であって、役所の仕事には調査もし研究もして勉強された。のみならず、産業合理化については興味を持って研究されていたようです。その熱心なことは莫大な金をかけて、特別な政務調査所を有っている位であります。その政治家としての態度は、落ち着いていて出しゃばらず、静かに大局を達観して少しも焦らない模様であります。……人間としては非常に同情心があり、熱血的なところがあって、所謂上州人の典型であります」(18)。

中島が上州人として典型かどうかは問わないにしても、同情心に富み熱血漢であることは間違いがない。彼は多くの部下を率いて困難を克服してきた。しかも研究会を主催して、スポンサーになり、自分の政策に反映させているのであるから、勉強熱心ということは当たっている。

注

(1) 太田哲男編『暗き時代の抵抗者たち』同時代社、二〇〇一年、一八頁。
(2) 仁村俊(陸軍少将)『航空五十年史』鱒書房、一九四三年、一九九頁、なお与謝野晶子の歌は『舞ごろも』(一九一六年)に収められている。同書には、木村、徳田飛行士の殉難を弔うものとして「大空を路とせし君いちはやく破滅を踏みぬかなしきかなや」以下一五首がささげられている(『与謝野晶子全集第二巻』文泉堂書店、一九七二年、三八〇頁以下)。
(3) 井上幾太郎伝刊行会『井上幾太郎傳』非売品、一九六七年、ではルノー七〇馬力とある(二一九頁)。
(4) 北区飛鳥山博物館『ひかうき・ぶんぶん――赤羽飛行機製作所とその時代展』東京都北区教育委員会、一九九七年、を参照。
(5) 日統社編刊『中島知久平』一九三三年非売品、一九頁。
(6) 永松浅造『中島知久平健闘録』八紘書院、一九三八年、一六七頁。
(7) 渡辺一英『巨人 中島知久平』鳳文書林、一九五五年、二四五頁。
(8) 同右書では、中三日で一〇万円とある。
(9) 『井上幾太郎傳』二三九頁。
(10) 同右、二三一頁。

(11) 野沢正『日本航空機総集　川西・広廠編』出版協同社、一九五九年、一七四頁。以上川西製は同書を参照。
(12) 野沢正『日本航空機総集　中島編』出版協同社、一九六三年、一三〇頁。以下中島製は同書による。
(13) 渡辺一英、前掲書、二五八頁。
(14) 永松浅造、前掲書、二二〇頁。
(15) 一九一九年軍事参議官がフランス航空団と一緒に写った写真が『井上幾太郎傳』にある。井上とフォール大佐と四人のフランス人が写っている。ここに秋山好古大将がいた。秋山はフランスで騎兵術を学び「日露戦争最大の危機」といわれた黒溝台の会戦で日本を勝利に導く。弟の真之は日露戦争の連合艦隊作戦参謀であり、バルチック艦隊との日本海海戦を勝利に導いた。
(16) 和田秀穂（海軍中将）『海軍航空史話』一九四四年、明治書院、一六四頁。
(17) 日統社、前掲書、二七頁。
(18) 同右、一一～一二頁。

第4章　政治家の時代

1　一九三〇年総選挙に初当選

武藤金吉（政友会）は群馬の太田地区を選挙地盤としていた。武藤は中島が川西との対立で苦境に陥ったとき、救済の手を差し伸べたり、フランスから飛行機のパテントをとってきたというから、中島にとっては恩人の一人であった。武藤は自分の後継者に中島の名前を常々口にしていたから、武藤亡き後中島が出馬しても、誰も文句を言わなかった。むしろ青木精一や武藤の後援者が積極的に中島を推したのである。

この二月の総選挙で二七〇名の多数派となった民政党浜口内閣は選挙中の公約をもって第五十九議会に臨もうとした。しかし浜口雄幸首相は一一月一四日、東京駅にて佐郷屋留雄に襲撃され重傷を負った。外相の幣原喜重郎が首相臨時代理となった。反対に政友会は二四〇から一七二人に議席を大幅に減らした。一九二七年の金融恐慌、二九年の金解禁と世界恐慌と、日本は不景気のどん底に落ちてゆく。学校は出ても職のない失業者は街にあふれ、東北の農村では役場が「娘身売り」を斡旋するほど農村の窮迫が深刻であった。

第五十九議会は民政党浜口内閣にとり、金解禁後の財政確立とロンドン条約締結後の国防計画樹立が課題であった。一月末の議会は野党政友会の質問が期待された。鳩山一郎、三土忠造、牧野伸顕、原惣兵衛、松岡洋右、内田信也らが論戦を挑んだ。

一流選手が出払ってしまい、残ったのはどうでもよい質問者である。一九三一年二月三日夜の衆議院予算委員会の席上のことである。矮軀短身の中島議員が身体《からだ》一杯に確信胆気を満たして、数字をあげて、ロンドン条約に関する政府の姿勢をただした。「ロンドン条約で果たして日本の国防は安全か」と。幣原首相代理は「ロンドン条約は批准になっているから、国防を危うくするものでない」と答弁した。この答弁をめぐって委員会は一週間近く混乱を来した。院外団の流血騒ぎ、議員同士の乱闘があった。幣原は「遺憾に耐えず」で納めようとしたが、「失言取り消し」でないと事態を収拾できない状態になった。

幣原首相代理は答弁を撤回した。議員一年生が早くも注目を浴びたのである。そして三月には軍部青年将校と大川周明ら右翼によるクーデター未遂事件が発覚した。

一九三一年一二月、犬養政友会内閣が成立した。世界大恐慌と「満州事変」のなかで、蔵相は高橋是清、陸相は荒木貞夫という布陣であった。前田米蔵商工大臣の下で、中島は商工政務次官になった。異例の抜擢人事である。前田は犬養内閣のとき、中島と一緒に飯を食ったり仕事をしたりした仲で、公私ともよく知っている。前田は中島を勉強家、まじめ、でしゃばらない「上州人の典型」と見ていた。(1)

2　中島知久平は革新派であった

犬養内閣発足から半年足らず、三月には「満州国」を承認し、ついで「五・一五事件」が起こった。海軍将校と陸軍士官学校生徒らが首相官邸などを襲い、犬養首相を射殺した。中島が政治家の道を歩み始め、一歩一歩政治家としての階段を確実に登り始めたばかりであった。青年政治家に押し寄せる大波は、軍部青年将校と右翼革新派の結合によるクーデター事件、彼らによる既成秩序批判すなわち既成政党や既成財閥への根強い不信感、「満州事変」と「満州国」という新たな侵略問題、などがあった。

ある新聞記者は中島の政治家人生スタートに「五・一五事件」が大きかったという。「……中島氏が深刻に政局の将来、政治家としての態度を考察したのは恐らく此の時からであると想ふのである、無論あれだけの大事件であるから誰れでも多大の衝撃を受けぬ筈はないけれども殊に中島氏は一党を背負って立つ程の責任者の地位でなかった事と、自分の進路を敢て急ぐに及ばぬ立場に在った事において何物にも握《ママ》はれず、自由の境地に立って十分に考へて見たのであった、即ち政友会内部だけで見るならば凶変に遭った犬養の屍を乗り越えて憲政擁護に邁進す可しと考へた者もあり、一方には早くも軍部と握手せねばならぬと観た者があり、犬養総裁の後釜を狙ふ者、斎藤内閣に色目を使ふ者等七花八裂の混乱を呈したが、中島氏だけはそんな苦労に浮身をやつさず、又やつす必要もなくジッと考へた、そして真に政局の将来性を思ひ、既成的政治家を見直し、新しき政治家の態度に就いて学んだ(2)」と。

「国政研究会」を組織したのが前年の一九三二年のことであり、この一九三三年夏には箱根の別荘にこもって、「昭和維新の指導原理と政策」を書いた。これは以下のとおり全部で五編一五章八〇項からなる長文の論文である。(3)「第一編　一般社会情勢、第二編　社会窮迫の根本原因、第三編　思想革新、第四編　政治革新、第五編　革新政策」。筆者はいまだ実物を見ていないが、中島の思想が「革新」であることがうかがえる。この「革新」とは何か、「革新」政策を実行するのは、政党か軍か。中島の姿勢は反資本主義企業家、反政党であり、「軍人が窮迫困憊せる家郷を想ふ時どうして黙止して居ることが出来やうか、先づ国民に先んじて憂ふるのは当然である。政民連携などと猿芝居のやうな真似をやって居ては斯うした軍人も一般国民も共に共に《ママ》起ち上がらねばならなくなるであろう(4)」と語るとおり、きわめて親軍的であった。したがって「革新(5)」とは親軍派のことをいう。

中島がなぜこのような急進的思想を抱くにいたったのか、一考を要する。政治史を簡単に振りかえろう。

一九三〇年　四月　ロンドン条約について統帥権干犯が問題となる。
　　　　　一一月　浜口首相が東京駅で襲撃される。
一九三一年　三月　軍部によるクーデター事件が未遂に終わる（三月事件）。
一九三二年　五月「五・一五事件」により、海軍青年将校（古賀清志中尉、三上卓中尉ら）と陸軍士官学校生徒らが首相官邸を襲い、犬養首相を射殺。
一九三六年　二月「二・二六事件」、陸軍皇道派の隊付青年将校が起こした反乱。「昭和維新」を目指したが、鎮圧された。北一輝らが処刑され皇道派が一掃された。

「五・一五事件」、「二・二六事件」はいずれも軍人が引き起こしたクーデターである。中島はこれらの青年将校と交わっていない。そういう証拠もない。北一輝と交わっていた人物が鹿子木《カノコギ》員信《カズノブ》である。鹿子木は中島にとり、海軍機関学校の三年先輩にあたり、一九〇四年日露戦争勃発により繰り上げ卒業になり、直ちに戦争に従事した。一方が入学し他方が卒業であるからほとんどすれ違いであるが、在学中に何らかの機会に会っていた可能性もある。

鹿子木も稀有な人生を送る。鹿子木は海軍を中尉で辞めた。それは日本海海戦に従軍中のことである。ロシアの艦船が沈み眼前にロシア人従軍牧師が漂っていた。このとき鹿子木は軍艦を停止させて、その責任を問われ海軍を辞めた。東京帝大姉崎正治教授の下で哲学の勉強に入る。哲学者の古在由重は東京帝大の鹿子木の講義に「度肝をぬかれた(6)」と書いている。慶応義塾や九州帝大に席をおく一方で国家主義団体の老壮会や猶存社に参加し北一輝、満川亀太郎、大川周明らと思想を共にした。鹿子木はロマンチシズムから出発し、プラトンやカント哲学を講じ、国粋主義者となった。日本の代表的なファシストの一人であった。戦後A級戦犯となり、一九四九年に六六歳で死去した。

もうひとつ中島が「昭和維新」に同調した事情がある。陸軍における革新運動の中核隊となったのは永田鉄山、小畑敏四郎、岡村寧次らであり、その出発点は一九二一年一〇月のバーデン・バーデン（ドイツの保養地）の盟約にあったといわれている。彼らと後継者たちは陸軍部内に二葉会、一夕会、桜会などを組織し軍部による革新運動を展開した。彼らは陸士一六期から二五期までを組織していた(7)。永田鉄山、小畑敏四郎、岡村寧次は陸士一六期であり、一九〇四年一〇月の卒業である。のちに片倉衷（少将、三一期）は永田、小畑、岡村を一六期生の智謀「三羽からす」と呼び、板垣、土肥原、磯谷の三人を「将器の三傑」とよび、高く評価していた。犬養内閣の陸軍大臣である荒木貞夫は国軍を「皇軍」と称し、その語を普及させ「皇道派」のトップとみなされた。「皇道派」トップたるゆえんは荒木人事に見られ、柳川平助次官、山岡重厚軍務局長、松浦淳六郎人事局長、小畑敏四郎作戦課長、秦真次憲兵司令官などの登用である(8)。

ということは先に書いた鹿子木はくしくも陸と海の相違はあっても、同じ時代に士官としての勉強をしていたのであり、同じ時代の空気を吸っていた。中島がもし希望通りに陸士に入っていたら、一夕会のメンバーになり陸軍革新運動の活動をしていたかもしれない。中島は軍を離れて久しいが、軍部革新派と通じ合うところがあり、彼らと同様の国家改造思想を抱いたと推測しても何らの違和感もない。

中島がこれらの人物やその運動と直接かかわっていたか不明である。直接の関係はなかったかもしれない。三月事件の計画に関与していたとの証言はある。(9)「三月事件」とは、陸軍若手将校の秘密結社である桜会と大川周明らが、第五九議会の会期末の三月二〇日頃、宇垣一成を首相とする軍人内閣を実現させようとするものであったが、計画がずさんであったため宇垣や永田鉄山らが反対し、決行には至らなかった。政友会の森恪、中島知久平、中島守利らが関係していた。三月一九日の倒閣国民大会には、中島飛行機が空から宣伝ビラを撒くという噂さがあり、警察は警戒態勢に入った。直接的にせよ間接的にせよ、陸軍海軍青年将校の動きが影響を及ぼしていたことは間違いない。そうでなければ中島が「昭和維新」を書くはずもないし、むしろ書けなかったであろう。「昭和維新」とは天皇中心の国家改造を目指すグループのスローガンであり、「二・二六事件」に帰結した。

3 中島知久平の生き方と人柄

(1) 予定表に従う計画性

元秘書・代議士の篠原義政が「独り中島先生は居常悠然として居って、何人も曾て先生が狼狽《うろた》へたり焦々《いらいら》するのを見たことが無い。どうしてそんなに、落付いて居られるんですか」と聞くと、「たゞ無見当に眼先のことに捉はれてあせるから忙しいんだよ。一生の間に何を為すべきかと云ふ予定でも作って見給へ。四〇までに何をどこまでする、四五まで何を、五〇までに何を、と云ふ風に予定表を作ってやって行くと、仕事の方が早く出来て歳月の方が余ってしまふ。だから成るだけ、ゆっくり落付いて、時間をかけてやって行くのだ⑩」といった。これは中島の人生設計である。彼は設計を立てたら、それについて自己評価を加え、そして結論を導き出して、行動するかしないかを決める。緻密に計算した生き方をしていたのである。そうした生き方は生れながらのことであり、本書第1章や第2章を読んでほしい。

(2) 国家主義事業観と「無欲の欲」

①大なる利益　水島彦一郎が「過去二〇年の奮闘生活で何が最も苦しかったか」とたずねると、答えて曰く「飛行機の製作など云ふ国家的の事業をやつて居ると、二つの岐路が眼前に横はることが始終ある。右すれば国家の利益となり、左すれば自分の利益となる、其時左を棄て、右することは、始めは頗る苦痛なものであるけれども、其際敢然決心して右に行き国家の利益に就くと、その時は苦しく不利益を被るけれども、結局はそれが自分の大なる利益となつて帰つて来ることを体験し確信するやうになつた。だから苦しい経験と言へばそれであるが、その苦しさは却て楽しみの基であり自分の大きな利益である」(11)と。中島は元秘書・代議士の篠原義政に次のようにかたる。「人と云ふものは意地の悪いものでね、欲しいと云ふとやらぬと云ふ、要らぬと云ふと上げると云ふ。私は子供のとき、小遣を貰っても別に買ひ度いものがないから使はずに置くと、だんだん貯って三〇円になり五〇円になった。するとあの子は無駄使ひしないから小遣をやらふと言って復くれる。とうとう一〇〇円以上にもなったことがある。海軍士官の時も、給料を貰っても大して使ふ途がないから、二カ月三カ月と経つ内にだんだん貯って邪魔になったことがある。飛行機を始めてからも、俺の方の金を何故使はぬと撚ぢ込まれて、要りもしない金を義理で借りて利息を払ったことがある。金を欲しがらぬ人間になると、嫌でも金は集まって来るものだ」と。

②事業観　彼は事業をどう見ていただろうか。「私の利害を打算して居っては、ほんとうの事業は出来ぬ、日本の国家は今日生産拡充の必要に迫られて居る、事業家は全力を挙げて生産拡充

国策に奉公すべきだ。国家のために御役に立ち、それで国家民族の大発展が遂げられるならば、私人などは破産しても構はぬ[12]」という。彼はここにあるとおりに、金儲け第一の商人でもないし、資本主義の企業家でもない。これを「無欲の欲」といおう。彼は従業員に報いたし、郷里の人々にもさまざまに面倒を見た。ただ私のために金を儲け、自分のために使うのではなかった。お金は兄弟や親のために使うのであり、親のための尾島の家は立派なつくりである。そして親孝行である。元秘書・代議士の篠原義政はこうみる。尾島の完成したばかりの屋敷での、父親の葬儀において、霊柩を座敷に安置し、弔い客を土足のまま（畳に薄い敷物）招き入れ、弔問を受けた。母親のいつは一九四三年四月二五日にやはりここで亡くなった。

③質素な生活　中島の生活は質素・倹約を旨とした。書幅《かけじく》が三六万円で売買された時、中島は「自分の金だとて骨董や家に何十万円を投ずることは慎しむべきことで、私はやらない。自分の金でも其使ひ途は、私事を避けて何かお国のためになることに使ふ心を持ちたいものだ[13]」といった。金の懐中時計を持たない。ニッケルの七、八円くらいの大形時計を愛用したし、洋服は必要最低限しか持たない、鉄道大臣就任用モーニングのネクタイがなく、八角代議士（海軍中将）から借用したということだ。新宿市ヶ谷にある自分の本邸も熱海の別荘も借家であった。

(3) 名誉心

大臣就任の大祝賀会を郷里で計画したとき、彼は拒否した。その理由は「大臣になったのは重大な責任の地位に就いたもので、祝賀を受けるべき性質のものではない。将来自分が御奉公して多少でも国家に手柄を立てたら、其時に祝賀していただかう」（水島彦一郎、前掲書一一三頁、以下同書から頁のみ示す）と。そして政治の道については「権道を執るやうな弱いことでは政治は出来ぬ。正を踏んで進めば何物も恐るゝことはない」（一一四頁）と、自分の信ずるところを堂々と進もうとした。

(4) 横須賀海軍機関学校での勉強の仕方

政治家としての勉強は木暮武太夫談に「午前中は私邸で読書、東大経済学部の講義プリント慶応大学経済学講義に目を通す」（一〇九頁）と。海軍中将古市龍雄はいう。中島は高山樗牛を愛読し「吾人は須らく現代に超越せざるべからず」に感激したという。高山樗牛は一八七一年に生まれ、一九〇二年に死去した、明治を代表する思想家の一人である。国家至上主義と日本主義を主張した高山は、日清戦争後の国威高揚の論壇の中心的存在であった。こうして中島の国家観が形成された。また中島は「非常な勉強家であるが、しかも非常に要領を得た勉強で、くそ勉強ではなく、本当に真実を掴もうとしている。磊落で外には現さないが、常に細心で周到で、しかも熱烈な向上心を抱き、常に大所高所に目をつけて居る」（一一六頁）。また最近中島の息子の一人であることを言明した福島辰久は勉強には「山をかける」ことをいわれたという。(14)「国政一新会」、「興亜国策研究会」、「国政研究会」を組織しそこで若い学徒や政治家の研究を促し、あわせて自らも勉学に努めた。渡辺一英によれば国政研究会は一九三一年六月一日に開所し、一九四〇年に閉じた。中村藤兵衛（太田出身の衆議院書記官長）が理事長であった。嘱託となった学者は田辺忠男（東京帝大）、大西邦敏（早稲田大学）、猪谷善一（東京商大）ら多いときには五〇名にのぼった。彼らが購入した洋書は四万六〇〇〇冊になった。「国政研究会」は資金に恵まれ、海外から本を買い、その翻訳や各種リサーチの結果を一六〇数点に及ぶレポートにまとめている。表示のとおり、それは一九三一年から一九三九年に及ぶ。おそらくこれは要路に配布されたと思われる。

国政研究会作成資料

	タイトル	年月
1	一般会計歳入欠陥補填ニ関スル調査	一九三一年九月
2	昭和七年度施行予算ニ就テ	一九三二年一月
3	昭和七年度歳入歳出実行予算	一九三二年一月
4	昭和七年度実行予算編成方法ニ付テノ意見	一九三二年一月
5	減債基金繰入ノ一部中止ニ関スル件	一九三二年一月
6	輸出補償法中改正法律案ニ関スル調査	一九三二年三月

7	財源ニ付テ	一九三二年四月
8	産金奨励ニ関スル若干ノ問題	一九三二年五月
9	緊急勅令ニ拠ル輸入税ノ減免ニ関スル調査	一九三二年五月
10	郵便切手ノ売捌収入増収ニ関スル意見	一九三二年六月
11	満州国ノ関税ニ関スル調査	一九三二年六月
12	第六十二議会に提出したる追加予算中の「満州事件第一予備金」に対する批難	一九三二年六月
13	「ラヂオ」設備ノ拡充ニ依リ社会教育ノ普及徹底及国民生活ノ向上並ニ全国協和ニ利用ノ件	一九三二年七月
14	関東州租借地産品ノ本邦輸入税ニ就テ	一九三二年七月
15	陸海軍両省所管経費繰上ニ付テ	一九三二年八月
16	我国軍需工業の調査	一九三二年八月
17	明糖事件ニ付テ	一九三二年八月
18	輸入税率ノ組織、従量税ノ基準価格輸入税目ノ細分方等ニ関スル調	一九三二年九月
19	輸入税表ニ記載ノ品名並輸入税表ニ使用セル類似ナル意義ノ解釈ニ関スル調	一九三二年九月
20	石炭の軍事的調査	一九三二年九月
21	（世界大戦争の始めに当り独逸に於ける）連邦参議院に対する戦事経済的諸方策の授権に付て	一九三二年九月
22	本邦関税制度及其ノ沿革、課税標準、課税単位ニ使用セル度量等ニ関スル調査	一九三二年一〇月
23	戦争と鉄（「戦時所要鉄量ニ就テ」をふくむ）	一九三二年一〇月
24	戦争と非鉄金属其他	一九三二年一〇月
25	新興国　ハンガリー国	一九三二年一〇月
26	自動車ニ関スル調査　付オートバイ	一九三二年一〇月？
27	輸入品ノ従量税率ニ関スル法律及関税定率法　別表輸入税表ノ改正ニ就テ	一九三二年一一月
28	非常時財源ノ研究（草案）	一九三二年一二月
29	平価切下ニ依ル貨幣法改正ニ関スル法律案	一九三二年一二月
30	千住製絨所事業成績ノ梗概	一九三二年一二月
31	平価切下是非ノ両論点対照	一九三三年一月

32	関税定率表別表　輸入税表中木材ノ法文ノ不備	一九三三年一月
33	歳入歳出予算概系計表ノ公表ニ就テ	一九三三年二月
34	第六十四議会昭和七年度一般会計第二号追加予算ノ財源ニ関スル件	一九三三年二月
35	昭和七年ニ於ケル本邦貿易ニ関スル調	一九三三年二月
36	昭和七年法律第四号中改正法律案（輸入税ノ従量税率ニ関スル件）	一九三三年二月
37	輸出小麦粉原料小麦ニ対スル査定歩合ニ就	一九三三年二月
38	高利国債低利借換ニ関スル件	一九三三年六月
39	英国の地方補助金制度の概要	一九三三年一一月
40	関税調査機関ニ関スル調	一九三三年一一月
41	報復関税ニ関スル法律案並同法案ニ関スル調査書	一九三三年一一月
42	緊急関税定率法案	一九三三年一一月
43	歳入ニ対スル特殊事項ノ研究	一九三三年一二月
44	英領印度貿易	一九三三年？
45	不当廉売品防止関税	一九三四年一月
46	本邦従量税ノ課税標準其他従量税ニ関スル調	一九三四年一月
47	伸縮関税	一九三四年一月
48	国民同盟ノ税制整理ニ関スル建議案ニ就テ	一九三四年二月
49	地方財政調整交付金財源ノ一研究並地租ノ委譲	一九三四年三月
50	輸入税表ノ簡易化ニ関スル調	一九三四年三月
51	金に関する諸表	一九三四年四月
52	伊太利動産銀行法規	一九三四年四月
53	輸出貿易促進策及税金ノ戻シ免税ニ関スル調査	一九三四年四月
54	通商擁護法ト本邦対英蘭及其ノ領地トノ貿易ニ関スル調査	一九三四年四月
55	輸出貿易促進策及税金ノ戻シ免税ニ関スル調査	一九三四年四月
56	帝国鉄道会計ニ関スル調	一九三四年五月

57	本邦輸出品及輸入原料品並輸出発展策としての戻免税等に関する調	一九三四年五月
58	本邦保税工場並ニ保税倉庫制度改正要点	一九三四年八月
59	関税ノ賦課ニ対スル異議及訴願ニ関スル改正意見書	一九三四年八月
60	暹羅米ノ輸入ト日暹貿易	一九三四年九月
61	非常時利得に対し特別課税の研究	一九三四年一一月
62	昭和十年度概算に於ける増税の使途を農民救済に特定する件	一九三四年一一月
63	昭和七年度乃至同九年度時局匡救に関する経費調	一九三四年一一月
64	昭和八年農村及都市の各種団体負担状況	一九三五年一月
65	戦時利得税法	一九三五年二月
66	昭和十年度以降歳入歳出予算概計表	一九三五年三月
67	政府提出産繭処理法案批判	一九三五年三月
68	第六十七議会ニ於ケル政府提出肥料業統制法案ニ対スル審議ノ経過並処置	一九三五年一〇月
69	第六十七議会衆議院ニ於ケル肥料業統制法案ニ対スル質問及答弁ノ要領	一九三五年一〇月
70	本邦対印度支那ニ関スル日仏通商協定及対仏印貿易振興策	一九三五年一〇月
71	地租累進課税ノ研究	一九三五年一一月
72	輸入品ニ賦課スル税則ノ統一特別法ノ整理並特別法ノ条文ノ解釈ニ関スル調	一九三五年一二月
73	昭和十年産米公定価格ニ対スル批判	一九三六年二月
74	本邦保税制度ノ改善方ニ関スル調	一九三六年二月
75	伸縮関税制度ニ関スル調査	一九三六年三月
76	輸入税表組織品名等ノ簡易化ニ関スル調	一九三六年四月
77	日満関税政策ノ一例	一九三六年四月
78	政府提出米穀自治管理法案ノ検討	一九三六年五月
79	政府提出産繭処理統制法案ノ批判	一九三六年五月
80	政府提出重要産業統制法改正案批判	一九三六年五月
81	下級公共団体ノ負担軽減ニ関スル対策	一九三六年七月

82	帝国議会召集期繰上ケニ就テ	一九三六年九月
83	保護関税ヲ課スヘキ産業ノ概要	一九三六年一〇月
84	糸価安定法案に対する批判	一九三六年一二月
85	仏蘭西新内閣成立とフランの運命	一九三六年？
86	フランス新内閣の労働及び社会立法	一九三六年？
87	農地法案の修正点	一九三七年二月
88	昭和十二年度地方交付金に関する件	一九三七年二月
89	山本内閣大正二年度予算再提出と実行予算編成の事情	一九三七年二月
90	鉄ノ輸入税免除ニ関スル調査	一九三七年二月
91	我国租税中関税ノ地位及輸入税ノ払戻又ハ免除ニ関スル調査	一九三七年五月
92	波蘭共和国選挙法（憲法続）	一九三七年六月
93	大戦勃発以来の欧米公債の趨勢	一九三七年八月
94	米国連邦社会保障法ノ検討	一九三七年八月
95	ドイツ戦時金融及財政統計	一九三七年八月
96	対支貿易及同貿易杜絶ノ場合ニ於ケル同国ヨリノ輸入品ニ関スル対策	一九三七年八月
97	軍需品及其ノ原料品ニ対スル本邦関税ニ関スル調査	一九三七年八月
98	大戦勃発以来の欧米公債の趨勢	一九三七年八月
99	大戦勃発以来の欧米公債の趨勢	一九三七年八月
100	米国連邦社会保障法ノ検討	一九三七年八月
101	第七十一議会　昭和十二年度歳入歳出予算額総表	一九三七年八月
102	貴族院制度改革ニ関スル資料	一九三七年九月
103	貴族院制度改革ニ関スル資料	一九三七年九月
104	官吏執務時間延長の件	一九三七年一一月
105	政党法資料	一九三七年一二月
106	出征軍人遺家族ノ扶助其ノ他ニ関スル考察	一九三八年一月

107	郵便局売出シ事変公債購入者ニ対スル公債担保金融制度開始ノ件	一九三八年六月
108	洪牙利に於ける上院改革	一九三八年七月
109	各国議会政党勢力―昭和一三年	一九三八年八月
110	欧州民主々義諸国の右翼系政党に該る治安維持法の比較研究	一九三九年一月
111	支那の関税及海関（税関）ニ関スル調	一九三九年二月
112	日満支関税同盟締結ニ因ル利弊　関税同盟ト最恵国條款トノ関係　減収額等ニ関スル調査	一九三九年二月
113	満州国における日本の投資	一九三九年三月
114	各国議会政党勢力―昭和一四年	一九三九年三月
115	主要国における最近の政綱及政策全	一九三九年五月
116	フランス経済の展望	一九三九年六月
117	各種政策摘要	一九三九年六月
118	各国廃疾保険法の内容比較	一九三九年六月
119	昭和十四年度予算上における増税の地位　付・租税収入増加の趨勢	一九三九年七月
120	一九三八年羅馬尼王国新憲法	一九三九年七月
121	馬場税制整理案中新規創設又ハ地方税ヨリ…	一九三九年七月
122	現行所得税法人資本税及臨時利得税ト税制整理案ニ拠ル所得税法人税及ビ臨時利得税トノ税額対照	一九三九年八月
123	税制整理ニ付テ	一九三九年九月
124	資料　ドイツに於ける看護法	一九三九年一一月
125	第一次世界大戦に於けるドイツの物価対策	一九三九年一一月
126	利子及利子外所得ニ対シ総合課税（累進率）ヲ為ス場合ト利子所得ニ対シテハ源泉課税（比例率）、利子外所得ニ対シテハ総合（累進率）課税ヲ為ス場合トノ負担軽重ノ調査	一九四〇年一月

(5) 中島人物評――「大賢は愚なるに似たり」

人々は中島をどうみていたか。中島知久平の人物評価はすでに本書「はじめに」のところで紹介したが、以下のような評価もあった。

①「大賢は愚なるに似たり――一見茫洋として居るが、その内実には凜呼たる強靭な決意がひそんで居って、未だかつて一時の出来事に狼狽して説を変えたり、小野心を逞うして軽率な行動を為し、天下の大事を誤まったりすることは絶対にない――後藤新平伯の面影――」というのは宮田光雄・貴族院議員（一二二頁）の見る中島像である。後藤新平は医者であり官僚であり政治家であった。台湾総督府民政長官、満鉄総裁、鉄道院総裁を歴任し、鉄道の広軌改築を計画したのち、東京市長になった。調査活動と「大風呂敷」を広げる夢想家であった。その後藤に並び称されたのである。

②日中戦争直前に中国に抗日・侮日盛んなころ、自由主義者の議論を排し、中島は「我国今日の急務は、此際一切の小理屈を踏み潰し、また彌縫策を排して、断乎大陸に邁進すべきである」というのは衆議院議員・堀切善兵衛（一二四頁）の証言である。中島は国家主義者であったし、中国侵略の立場である。

③「権道を歩まず、策略を弄せず、自己を宣伝せず、時流に阿らず、そこには何等暗影の認む

べきもの、ない人物である」、「大賢は大愚に似たり」とは政友会幹事長・東郷実（一二六頁）のみるところである。したがって人物評は「大賢は大愚に似たり」というのが大方の意見である。

④政治記者の山北太郎は中島知久平が鉄道大臣になるという異常な出世ぶりに驚き、中島知久平論を書いた。山北は中島を「寛宏博大、優柔不断」であり、「如何なる問題がもちあがっても茫洋として把握する所のない[15]」ところと評している。これは「宇宙の無限大に比すれば一箇地球は極少《（ママ）》である。況や人生一生の如きは微々たるもので語るに足らない」という、中島の人生観に由来するというのが山北の説である。これはたしかに高山樗牛の「現代の超越」や、国定忠治の虚無的生き方に通じるものがある。

4　第一次近衛文麿内閣の鉄道大臣になる

(1)　第一次近衛文麿内閣

一九三七年六月四日に成立した第一次近衛文麿内閣の閣僚は次のとおりである。

近衛文麿首相　広田弘毅外相　馬場鍈一内相　賀屋興宣蔵相　杉山元陸相
米内光政海相　塩野季彦法相　安井英二文相　有馬頼寧農相　吉野信次商相

永井柳太郎逓相　中島知久平鉄相　大谷尊由拓相　風見章内閣書記官長

西園寺は近衛は最善ではないが、軍部抑制のためにやむをえないと考えた。西園寺の意向を聞いてから木戸は近衛を説得し、近衛は承知した。中島は初入閣であり、ときに五三歳である。この時近衛は四五歳、際だって若い首相であり、天皇家につながる高貴な家柄であり、長身で洗練された物腰は一般の間で彼の人気を高くした。陸軍は広田内閣における「親軍財政」の馬場鍈一を蔵相に据えようと、人事に介入したが近衛は承諾しなかった。しかし陸軍は近衛を歓迎した。天皇も近衛に親近感を抱き、深く満足していた。だが近衛が皇道派救済のために計画した大赦は陸軍統制派や宮中、重臣らの反対に遭い、実現できなかった。

一九三七年七月七日、日中両軍が北京郊外の蘆溝橋付近で衝突した。近衛は事変不拡大の方針をかかげながら、杉山陸相の兵員増派要求をのんだ（七月一一日）。七月中には華北に戦火が拡大した。近衛は「強硬な戦意」を示せば中国が折れると観たようだ。これは陸軍の強硬論と参謀本部の妥協論のうち前者の立場であった(16)。八月には戦火が上海に及んだ。八月一五日近衛は杉山陸相が提案した原案を字句の修正のみで閣議を通し、政府声明とした。それは「……帝国としては最早隠忍其の限度に達し、支那軍の暴戻《ぼうれい》を膺懲《ようちょう》し、以て南京政府の反省を促す為め今や断乎たる措置をとるの已むなきに至れり」という、強硬な態度であった。これを決めるまで閣議において議論がなされなかった。唯一、中島鉄相が中国国民軍を徹底的にたたきつけるがよいと発言し、永井拓相が相槌をうっただけで、ほかは聞き流したという。事変不拡大の立場から声明案を提案した杉山陸相は散会後に、風見書記官長に「あんなかんがえをもっている、ばかもあるからおどろく、こまったものだ」といった。[17]中島は中国軍を徹底的に膺懲せよと強硬論を唱えた。中島は日中戦争拡大派であった。[18]

(2)　中島の中国政策

中島は「七月三一日　対支根本方針」を書いている。これは「九月上旬漢口占領、漢口占領後ノ情勢」を論じたものである。

① 「日本ノ考方」は⒜占領地区を特別政治地区として蔣政府と講和する、⒝占領地区と北支五省を特殊地区とし、全支にわたる国防と外交は日本、経済と政治は蔣政府を含む新政権が担当するものとし、その親日政権と講和する。中島は蔣政権の継続は戦争の拡大になるから、⒜案は不可能とする。⒝案が日本にとり「応諾性ある処理方法」であるが、「特殊地区」は摩擦と感情対立を生むから安定ではなく、蔣を入れた新政権による軍事外交掌握が「最善」であり、「事変」の目的にかなう、と観ていた。

② 「支那ノ考方」は、⒜蔣政権による抗日継続とロシアの進出により日本は衰弱するから長期抗戦を堅持する。⒝講和により経済的権益を日本に与え、政治的に日本を圧迫し失地回復

を図る。

③「露国ノ考方」は、ⓐ日本のロシア攻撃の緩和のためには日本が戦争の継続と深入りが必要であり、講和を妨害する。ⓑ中国の敗北はロシアにとり危険であるから、日本の背後をつくチャンスを狙う。ⓒⓑが不可能であれば、講和後において日本挟撃を期するであろう。

④「英国ノ考方」はどうか。ⓐ英国はインドやオーストラリアを守るためには日本の強大化は危険であり、蔣政権を支える。ⓑ講和の条件は蔣政権の存続である。ⓒ対支投資金額が莫大であるから、既得権益の範囲内で講和を考慮する。ⓓ対支投資団や商人たちは自己の利益のために、蔣政権を捨てることもありうる。ⓔ日本の疲弊状況により、露支、仏、米により徹底的に日本を圧迫する。

⑤「仏国ノ考方」は、ⓐ独、伊に対抗するため英国に追随する。ⓑ日本による中国支配権獲得は、仏の南支進出や仏領インドシナ安全性の危険要因。ⓒ共産分子のフランスは主義において日本と相容れず。ⓓ英国や米国に追従するだろう。

⑥「米国ノ考方」は、ⓐ日本の拡大強化や支那進出を喜ばない。ⓑ平和主義に反するから日本を嫌う。ⓒ日支和平を希望。ⓓ日米戦はありえないだろう。

⑦「独国ノ考方」は、ⓐ露国侵略は国策である。ⓑ英仏は敵にできない。ⓒ露国を衝くには日本を必要とする。ⓓ伊国と関係を強化する。ⓔ英国と日本のどちらにつくか、日本が英国

を圧倒すれば日本につくだろう。ⓕ対支観念は支那感情を害せざる程度に日本を応援する。ⓖ対露作戦では日本に対し精神的援助にとどまる。ⓗ二、三年後には日、伊と呼応してロシアを撃つだろう。

⑧「伊国ノ考方」は、ⓐスペインとフランスを征服して、アフリカに進出する。ⓑ独伊、日伊同盟を強化継続する。ⓒ対英のため、日、独と同盟を固くする。ⓓ対支問題には日本の成功を希求する。ⓔ対露戦争は精神的援助になる。

以上は中島の判断である。この判断が正確な場合もあった。たとえばイギリスは在支権益擁護が前提でありそのためにクレーギー大使は調停をにおわせて宇垣外相を訪ねた。結局イギリスは武器援助や法幣安定資金拠出により援蔣政策を強化する。イギリスの対日強硬姿勢はアモイのコロンス事件でもみられた。

次に中島は日本の「対支方針」を以下のとおりとした。

①漢口を攻略する。一九三八年一〇月二七日日本軍は武漢三鎮を攻略した。
②蔣政権は重慶を中心に抗日を継続する。
③英商人や対支投資団は講和を望むも、英国は援蔣を継続する。
④独仏は英国に追随する。
⑤蔣政権存続は撃日策である。

⑥漢口攻略後和平工作は進捗せず。
⑦漢口陥落後において蔣は広東より欧米援助を吸収する。
⑧広東を攻略し粤漢鉄道を攻略して動脈を切断すべし。

以上のとおり蔣政権が屈服しないから、戦争を拡大しようというのが中島の方針である。

一一月になると日本は杭州湾を奇襲し上陸した。そして大本営が設置された。近衛は国務と統帥との連絡をはかり政治軍事の統一を図るために、大本営・政府連絡会議を設けた。一二月南京が陥落した。大本営・政府連絡会議は和平条件を再検討した。それの内容は①中国は満州国を正式に承認する、②中国は容共、抗日満政策を放棄し防共政策をとる、③華北に中国主権下に日満支三国の共存共栄を実現する機構を設置し、経済合作の成果をあげる、④内蒙古に防共自治政府を置く、⑤華中占領地域に非武装地帯を設置する。大上海市は日中が治安維持と経済開発に努める、⑥日満中三国は資源開発、関税、交易、航空、通信等について協定を結ぶ、⑦中国は日本に対して賠償する、⑧内蒙古、華北、華中の一部を日本軍が必要期間占領する。(19) これは中国を敗戦国とし、日本の属国とするものであった。これはドイツのトラウトマン駐華大使に伝えられた。

(3) 日中和平交渉

一九三八年一月一一日大本営・政府首脳による御前会議において支那事変処理根本方針を決定した。午後二時から宮中において開かれ、政府の出席者は近衛首相、平沼枢密院議長、広田外務大臣、杉山陸軍大臣、米内海軍大臣、末次内務大臣、賀屋大蔵大臣であり、中島鉄道大臣は出席していない。それは国民政府が講和を求めてこない場合、同政府を相手にせず、新政権樹立を助長する、というものである。そして一月一六日、日本政府はトラウトマン駐華大使を介した和平交渉打ち切りを通告した。これが「国民政府を相手とせず」という近衛第一次声明である。

御前会議は国策決定のために、日露戦争以来はじめて開かれたものである。参謀本部の意図は日中戦争解決策を探るものであった。議題は「支那事変処理根本方針」である。方針では「帝国ハ満州国トノ関係ヲ強化シ支那ト提携シテ東洋平和ノ枢軸ヲ形成」することを「帝国国策ノ鉄則」とした。次に「日満支三国」の友好、防共政策、産業政策の共同互恵にもとづき、中国政府の反省を求めて、日本側の講和条件を提示している。

日本側の求める講和条件は、①満州国正式承認、②排日反満政策の放棄、③非武装地帯設定、④北支において日満支経済合作の実を挙げる、⑤内蒙古に防共自治政府を樹立する、⑥中国は防共政策を採用すること、⑦上海市の経済発展と治安維持に共同であたる、⑧日満支三国は資源開発、関税、交易、航空、交通、通信分野で協定を結ぶ、⑨中国は賠償を支払う、という九点にわたるものである。中島はこのうち①②⑤⑥⑨に集約していた。しかし「支那中央政府」が和を求めない場合、これを覆滅することを主張した。なおこの会議において、大本営陸軍部が「支那事変処理根本方針」にひとつの提案をした。これは「此際ノ解決ニ当リマシテモ戦勝国ガ戦敗国ニ対シ過酷ナル条件ヲ強要スルガ如キ心境ハ毫末モ之ヲ有スベキニアラズ」と賠償請求に釘をさしていた。さらに「今次事変ハ其出兵目的ノ本旨達成ニ遺憾ナキ限リ成ルベク速ニ之ヲ終結ニ導クベキモノトゾンゼラルルノデゴザリマス」と、早期停戦を望んでいた。軍令部総長宮殿下は「講和、戦争継続」という「支那事変処理根本方針」に「異存アリマセヌ」と賛成の発言であった。方針の「第三節」にある国防充実に注意を喚起した。こうした思惑にもかかわらず、中国政府が先の条件をのむはずがなかった。とくに満州国承認は到底不可能であった。

政府・軍部は中国政府から一五日までに解答がない場合、トラウトマン工作打ち切りを決めた。中島は日本の講和条件に対して、中国がどう出るか、予想した。それは一月一五日付け「支那ノ態度予想」である。中島は中国政府の態度は「第一、全条件承認」、「第二、条件ノ不審点指摘」、「第三、条件緩和」、「第四、不答」の選択肢のうち、「第二」、「第三」でくるだろうから、日本は「始メヨリ第二方針ニテ進ムヲ得策トス」と断じた。また日本が「徒ニ寛大ヲ示ス時ハ」、①中国は抵抗の姿勢を強くする、②「第二方針」による攻撃効果は没却する、③列国の態度が悪化する、

④皇軍の士気が弛緩する、⑤国内の緊張が弛緩する、⑥国民統制に困難が生じる、から寛大な姿勢はよくないという。さらに中島は「事変処理ノ根本方針」は「第一、成ルベク速カニ事変終結ヲ主眼トス」、「第二、近キ将来ニ於イテ斯カル事変ヲ再ビ繰返サザルコト」という恒久的な速やかな講和を期待していたようだ。さて後者の「断案、第二方針ヲ採ルベシ」の理由は何か。英米露は日本に攻撃をしかけないだろう。中国は敗退し力尽きつつあるから、「此ノ機会ニ於テ永遠ノ平和確立ニ必要ナル徹底的処理ヲ遂行スルヲ国家百年ノ大計トス」、つまり日本側勝利の講和を結ぶべしというのである。

次に前者の「第一、速かな事変終結」について、「講和問題ノ起リシヨリ既ニ一カ月ヲ越ユ、然モ支那ニ積極的包和《ママ》意思ナシ」したがって長期になるから急ぐことと条件緩和は禁物である。これへの施策は①一段の戦争拡大後の持久策、②現在地点での持久策がありうるが、講和は困難である、というのが中島の結論である。「第二方針」では、「支那を日本に反抗不可能まで圧縮する」、「親日自治体により全支を我が勢力下におく」の二つを示し、さらなる占領地の拡大と親日勢力の擁立を考えていた。すなわち中島の日中和平とは日本による戦争拡大と支配領域確立にほかならなかった。日本の帝国主義的野望剝き出しである。

日本側の講和条件はドイツ大使を通じて中国政府に伝えられた。中国政府の答えはディルクゼン大使によりもたらされた。回答は日本側条件について研究と決定をするために、詳細を知らせて欲しい、というものであった。これは一月一三日のことである。

中国の態度に対して、日本政府の閣議は一四日に交渉打切りを決め、一六日に広田外相がドイツ大使に通知した。しかし一五日の参謀本部、大本営と政府との連絡会議では参謀本部が交渉継続を主張した。多田駿参謀次長や古賀峯一軍令部次長は閣僚との間で交渉の継続か中断かで激論を交わした。[20] 参謀本部の判断のうらにはソ連の脅威に対する認識があった。結局翌一六日には、「蔣介石を相手にせず」という、対中国強硬声明となる。

(4) 「国民政府を相手とせず」

「国民政府を相手とせず」声明の原案がある。それは一九三八年一月一三日陸、海、外三省主務者案である。この要点は第一に、日支問題を日満支三国問題としたこと、第二にドイツ政府の仲介にもかかわらず、中国国民政府は「帝国政府ノ真意ヲ解セス」反省していない、第三に、「帝国政府ハ爾後国民政府ヲ相手トスル事変解決ニ期待ヲ懸ケス新興支那政権ノ成立発展ヲ助長シ」という点にある。中島鉄道大臣は第一の点につき訂正加筆を行っていた。すなわち原文の「互ニ主権及領土ヲ尊重シツツ渾然融和ノ実ヲ挙クルヲ以テ窮極ノ目途トシ日支両国ノ間ニ日満支三国ハ相互ノ好誼ヲ破壊スルカ如キ政策、教育、交易、其ノ他凡ユル手段ヲ全廃シ右種ノ悪果ヲ招来スル虞アル行動ヲ禁絶シ」とあるのを、「渾然融和ノ実ヲ挙クルヲ以テ窮極ノ目途トシ、昨冬以来、第三国ノアツセンヲ容レ、切ニ国民政府ノ反省ノ実ヲ示サンコトヲ期待セリ、然ルニ国民政府ハ迷夢未ダ覚メズシテ毫モ反省ノ色ナク抗日ニ狂奔シ……」とした。中島の書きこみは原案と大きくは違いがない。しかし第三の点は、「国民政府ノ反省ヲ待ツコトナク」、「国民政府ヲ相手トスル事変解決」が次第に簡略で強い調子の「国民政府ヲ相手トセズ」に代わった。この書きこみは中島自身の考えと議論の経過を示すものであろう。

結局日本政府は一月一六日にトラウトマンを通じて和平交渉打切りを中国に通告した。近衛は中国政府を相手にせずと声明した。それは全文が三〇〇字足らずの、一片の紙切れにすぎず、日本は和平の重大なチャンスを自分の手で摘み取った。中国にとり満州国を承認することは絶対ありえず、屈辱的条件での講和はありえなかった。近衛首相も広田弘毅外相も、中島知久平鉄道大臣も中国による抗日の本質を見ていなかった。統帥部でさへ和平に傾いていたときに、政治のリーダーの誤りは大きかった。

こうして和平交渉が頓挫し、しかも中国が簡単に屈服する見通しも立てられなかったので、日本は長期戦に向けての体制を構築に向かった。一九三八年一月一一日、近衛内閣は「国策大綱」を決定した。これは第一項で「帝国ノ対外国策ハ日満支ノ強固ナル提携ヲ具現シ」とあるとおり、従来の「日満」に加えて「支」とくに「北支」における国防資源確保を狙ったものである。また軍事力の強化と国家総動員体制の完成を決意していた。その理由は「支那ノ長期抵抗ヲ覆滅スルト共ニ一面帝国ノ飛躍的海外発展ヲ策シ」たのであり、日本のアジアでの野望が明白にあらわれていた。

(5) 汪兆銘工作

一・一六声明後は依然として和平の進展はなく、参謀本部の消極持久方針が後退し、現地軍の戦争拡大と和平追及が求められていく。そのため五月に近衛は内閣を改造した。広田外相、賀屋蔵相、杉山陸相、末次内相ら一・一六声明派を更迭した。とって代わったのは宇垣外相、池田蔵相、板垣陸相であり、外交と軍事政策の統一を図り、中国での和平の進展を期待しての改造であった。この頃、宇垣外相と孔祥熙との交渉案、陸・海軍の吾佩孚工作と、汪兆銘(一八八五～一九四四年、字を精衛という)工作が進展していた。宇垣外相は一・一六声明に「深く拘泥せず」に蔣介石政権であれ、ほかの政権であれ、交渉すべきである、というが結果は実らなかった。というのは蔣介石は「我が政府が日本との間で和平を論じさえしなければ、日本には我々を滅ぼす方法はない」と汪らに言ったし、「鯨呑を畏れ蚕食を怕れる」[21]は中国民衆の間に深く浸透していた。

ところが国民党ナンバーツーの、すなわち国民党副総裁かつ国防最高会議主席の汪兆銘は動いた。汪は一九三〇年の反蔣運動を張学良によって妨げられた。一九三二年八月熱河の軍費問題で張学良と汪兆銘行政委員長が対立し、張は蔣におされ軍事委員会北京分会委員長（蔣委員長）代理となった。これが不満であった汪はフランスに渡った。[22] このようにかねてから汪は反蔣気分を強く抱いていたのである。汪は反共和平救国を実践した。

汪兆銘工作は満鉄南京事務所長の西義顕によって始められた。日中戦争が勃発すると、知日派外交官の高宗武（外交部アジア局長）が西に連絡をとり、三八年一月に西は上海で高の部下である董道寧（国民政府日本科長）と会った。そこで西と松本重治（同盟通信）は董を日本に行くよう説得した。二月一七日横浜で董と影佐禎昭（参謀本部第八課長、謀略担当）が会談した。董は多田駿参謀次長、本間雅晴参謀本部第二部長とも会っている。そして影佐書簡（安岡正篤執筆）が汪兆銘に届けられた。董は近衛声明取り消し可能の印象を抱いて帰国した。七月には高が来日し影佐や今井中佐らと会い、蔣に対抗しうる人物として汪の名前が出た。[23]

そして一一月一二日から一四日にかけて日本側と中国側が上海で会談し、重要な決定がなされた。それは汪兆銘の行動計画であり、汪は蔣から離れ、日本と和を結ぶというものである。日中和平の条件は①日支（支や支那とは中国のこと、以下同じ）防共協定を締結、②支那は満州国を承認する、③支那は日本人の居住権、営業権を認めまた治外法権を撤廃する、④日支経済合作は互恵平等、合資合弁とする、⑤日本軍は内蒙に駐兵する、⑥内蒙以外の占領地に駐留する日本軍は二年以内に撤退する、というものである。もっとも軍中央部の反発から、「二年以内の撤兵」

は第三次近衛声明で削られた。日本はこれにより蔣介石国民党政権の内部崩壊を狙ったが、蔣介石はこの工作を知っていた。彼らは「漢奸」[24]であった。

一九三八年一〇月、日本は武漢三鎮を陥落させた。一〇月二一日広東が援蔣ルート遮断のために占領された。こうして日本軍は中国の要地をほとんど押さえ、戦略的に頂点に達した。それにもかかわらず、蔣介石政権は対日和平に動かなかった。近衛は改造内閣後に、五相会議や三相会議により政治力の発揮に努めたが、その意図は一・一六声明の撤回と汪工作の進展にあった。

汪は一二月一八日蔣介石政権下の重慶からハノイに脱出した。蔣はこの件を承知していたとする説もある。これを機に近衛は一二月二二日、第三次声明を発表した。この声明は①中国が満州国を承認すること、②日中防共協定を締結し、中国は日本軍の駐屯を認め、内蒙地方を特殊防共地域とする、③日本は中国において経済的に独占しないが、中国は日本人の居住と営業の自由を認める、④中国は日本が華北と内蒙での資源開発と利用を認める、というものである。[25]汪はこの声明を飲むことはできなかった。とくに日本軍が中国から撤兵することに、彼の和平運動の意味があったからである。汪は翌年一月一日に国民党を永久除名の処分をうけた。日本側は汪政権を樹立しそこに国民党・蔣介石勢力を吸収しよう、と考え、汪もまた反共、反ソのために日本と提携し、蔣介石に代わる可能性を抱いたのである。しかし一九三九年末現在で中国大陸の日本軍は八五万人という膨大なものであった。その撤退は俎上になかった。

汪の離脱は国民党に大きなショックを与えなかったのみならず、彼らは脱出先のハノイでも重慶側の監視下に置かれ、側近の曾仲鳴をテロで失った。汪は活動拠点を上海に移し、一九三九年五月に来日して政府首脳と会談し、前首相の近衛とは二度も会っている。日本側の汪への期待は急速にしぼんだ。しかしなんとか臨時政府と維新政府を吸収して中華民国国民政府と称し、一九四〇年三月南京に新政府を樹立した。これは日本軍の完全な傀儡政権であり、日中和平は少しも進展しなかった。蔣介石は汪を「汪逆」と呼んだ。かつて日本軍は蔣家の墓を荒らしたことがあった。汪は病気のため名古屋大学病院に入院したが、回復することなく日本で客死し、中国に埋葬された。蔣介石は汪の墓をあばき、遺骨をまいてしまった。蔣介石は「残忍と思いやり」のリーダーである。名大病院の庭には汪が愛した木が植えられたという。大きく成長しているはずである。

(6)　政友会総裁選出問題

ここでは政友会「夏の陣」といわれた一九三八年夏の八代目総裁争いをみてみよう。四人代行委員制度はあくまでも臨時的措置であり、四人の同意が必要であるから動きにくいし、党首不在では政権が取れない、などの理由から総裁問題が出てきた。そして一九三八年三月に国家総動員法が成立したので、近衛が辞意を強くしたという噂の中で、民政党の町田総裁は政友会の鳩山と組もうとした。そこで鳩山は三土派を動かし五月一日熱海での会合で総裁決定の必要性を主張した。正式には五月二〇日芝の紅葉館での顧問会議において「速やかに総裁を決定すべし」と決議した。(26) さらに二五日には全国支部長会議が開かれ「党大会を開催して総裁を決定すべし」が決議される。とともに鳩山総裁説が有力になった。ところが政友会には鳩山派のほかに国政一新会（中島と前田）、一々会（森恪系）、三土系、久原系があり、鳩山の評価が「自由主義者」、「現状維持派」というものであったから、鳩山反対派が中島を「革新派」として総裁に持ち上げようとしたのである。野依秀市は中島対鳩山を革新派対現状維持派、国家主義者対自由主義者と図式化し、中島を支持した。ところで鳩山一郎は父鳩山和夫が政友会の領袖であり、一郎は東京帝大法科大学卒業後弁護士となり、一九二六年三〇歳で初当選以来代議士を続け文部大臣を務めたし、かつて政友会総裁を務めた鈴木喜三郎は彼の義兄である。他方中島知久平は政党人としてのキャリアでは鳩山に遠く及ばなかった。

政友会夏の陣が始まった。五月二八日と六月一～四日に代行委員会が開かれた。六月一日に島田が中島を総裁に推薦した。したがって中島は推薦候補であり、鳩山は自薦候補であった。(27) かくもまとまらないのは大勢は中島派であり、それを阻止するべく鳩山は公選を主張したからだ。公選に依れば公明な選挙となり、結果は妥当であるからだ。ここで中島は総裁になる意志のないことを表明した。結局四日の代行委員会は総裁公選のために党大会を開くことを決定、砂田幹事長は総務会において了承し、六月二〇日に本部において党大会を開くことにした。しかし六月一三日、中島派の島田と鳩山派の松野は小川平吉の斡旋により妥協し、現行の四人代行制を継続し、党大会延期を受け入れた。この「夏の陣」ののち、秋になっても総裁問題は決着がついていない。代行委員の中では中島派が多数派であったから、鳩山は押され気味であり、「現在の党内事情から見て、中島氏を総裁にすることは妥当でない」(28)とあくまで中島総裁の実現には反対であった。そして年末には蟄居していた久原房之助が鳩山と中島の間で動き始めた。

(7)　一九三九年四月の政友会分裂

一九三九年三月二一日代行委員会は新幹事長を選ぼうとした。前田・島田・中島は中立で衆議院副議長の金光庸夫を推した。翌日鳩山は岡田忠彦を推薦した。もちろんまとまるはずがない。そこで鳩山はまず総裁を決定するべきであり、四月に党大会を開こうと主張した。代行委員会は四月に臨時党大会を開き総裁を決めることにし、それまでは現本部役員の留任を決定した。反鳩山派は三月末に「政友革新同盟」を結成した。世話役は長老の堀切善兵衛、田辺七六、宮田光雄、西方利馬、木村正義、土倉宗明、田尻生五らであった。砂田幹事長から事務を引き継いだ島田代行委員は「政友革新同盟」からの後押しを受け、党大会召集を堀切筆頭総務に命じた（四月二二日）。総務会は四月二〇日に党大会を開くべく、召集状を発した。ここから再び政友会の混乱劇が始まった。

今度は分裂にいたるものである。鳩山は「党内情勢が変化したから、大会開催に反対」を表明し、砂田前幹事長は大会取消しを打電した。二八日には、病気の鈴木喜三郎元総裁が四代行委員を罷免し、久原・三土・芳沢を代行委員に指名した。四月三〇日予定通り党本部において大会が開かれた。堀切善兵衛が議長となり中島知久平を総裁にする動議が満場一致で可決された。政友会所属衆議院議員一四八名中九六名、同じく貴族院議員三三名中一三名が中島を支持していた(29)。さて大会は本部三階で開かれた。午後零時一〇分堀切、横川重次が「総裁指名は座長に一任」という動議を提出した。座長は「中島知久平氏を総裁として推薦する」といい、満場一致の拍手で中島知久平が総裁に決定した。この間一〇分であった(30)。

この席に中島は不在であった。到着したのは二時間後の三時半のことである。ここまで遅れたのは腹痛を起こしていたからである。就任演説の内容は異色であった。というのは中島は総裁就任を固辞しようとした原稿を用意していたからである。就任挨拶は「本日政友会総裁に御推挙を蒙りましたことは私の最も光栄とする所であります（政友会の混乱について述べ——引用者）。今回の政友会の紛擾が、ややもすれば領袖の私心に出発する総裁争奪の結果なるが如く世間に誤解せらるるは極めて遺憾であります。他は知らず、私に於いては断じて総裁たらんとする私心を以て行動したことはありません。然れども世間に於て此の誤解の存する以上、私が茲に総裁を受諾することは、政友会更正の第一歩に於て却つて好ましからずと信ずるのであります。……此の信念より私は、此の場合総裁就任を固く辞退し、一党員として努力を傾注することが、更正政友会のため私のとるべき最善の処置なりと確信したのであります。然るに只今各位から声涙共に下る如き熱誠をこめたご推挙の熱情に接し、菲才をも顧みず断然就任を受諾するの決意を致した次第であります。茲に諸君の御厚志に対し衷心より感謝すると共に、今後絶大の御援助、御協力を懇請する次第であります。尚今後党の進むべき方針等に就ては近く改めて申上ぐるの機会があると存じます[31]」というものである。

すなわち中島の就任演説は約一一〇〇字程の短いものであるが、そのうち一〇〇〇字は自分の信ずることから総裁辞退の弁であった。つまり中島は前日まであるいは会場に来るまで、総裁になるつもりはなかったのかもしれない。それとも中島流レトリックであったのか。中島の「ノー」とは「イエス」であった。

中島総裁が決定し、久原派との関係が明確化した。五月二三日幹部会において、中島総裁は「党の紛争は解決した、全国に党のキャンペーンを張らねばならない。とくに青壮年層に呼びかけなければならない[32]」と、党首として発言した。

ところが久原派政友会が六月一三日政友会本部を占拠した。

六月二一日政友会は党の議員会議を東京会館で開いた。中島総裁は政友会所属の貴族院、衆議院議員と全国府県支部長を前に演説をした。

この演説には政友会総裁としての中島知久平の思想が明白にあらわれている。第一は歴史を固定的に捉えるのではなく、変化するもの、すなわち中島の言葉によれば「進化」するものと理解している点である。それは海軍力と空軍力の対比において後者の優越であるとする点、また「支那事変」を世界的変革であり、蔣介石政権の背後勢力を見ようとすることなどにあらわれている。第二は日本民族は天皇中心の歴史である。それが他民族に対して優越性を有する根拠であり、他民族を指導する。日本民族が中心に位置して、次に「満州」と中国があり、さらにこの秩序がアジアに拡大する。すなわちここには白人の旧帝国主義に対するアジアの対抗という図式が見られ、反白人帝国主義の中心は天皇と日本民族であると主張する。中島の皇室に対する尊敬の念は深い。日本民族優位主義がある。

第三は「国力」とは人口と資源であり、それを「信用」、「勤労」、「制度」によりどう統制するか、すなわち統制経済論である。第四は軍備であり、陸、海、空といっているから、空軍独立論である。しかし空軍独立は最後まで実現しなかった。第五は銃後の国民生活をどう守るか、勤労者、農民、児童、老齢者対策は政党として当然の施策である。総じて中島は国家主義、全体主義そして天皇主義であった。一党独裁を志向していたとも読める。中島の天皇敬愛の想いは折に触れ表現されている。これは軍人時代の教育の結果であり、とくに「我国の軍隊は世々天皇の統率し給ふ所にぞある」という「軍人勅諭」の思想そのものである。

この総裁演説について「主義政策要綱」[33]を議決した。この「要綱」は総裁の意を受けて、東郷政務調査会長、政務担当の田子、木村、宮田三総務と堀切顧問らが作成した。政友会は地方の事情を調査して政策を発表した。八月末には本部の前にある永田小学校で青年党員政治講習会を開いた。これは秋に予定された府県会議員改選の選挙運動のひとつであった。ここで中島は「革新」なる語句が横溢した演説をし、「真の革新の本義は運命的に変革する世界の大勢を達観し、これに対処すべき国家体制の再建に基調を置くべきであって、最近我が政友会が始めて宣明せるところ……革新の根本理念は……新兵器による新秩序」であるという。「支那事変が処理されてもアジアに平和はこない、なぜならこれは世界的変革の動乱だから」、そして中島は「対外的に国家総力を発揮し得る国家体制を創建するといふことが急務であり聖業達成の根幹をなす」[34]と、強力な国家体制構築を目指していた。

なお一九三九年は西日本が干害で米の減収と食糧問題の顕在化が予想された。政友会は「米穀応急対策」、「肥料の応急対策」を発表した。内容は需給対策であり、価格対策であり、米穀問題が土地問題であり地主・小作問題であるという認識はまったくない。地方名望家政党のゆえんである。

他方、反中島派は五月二〇日三縁亭で大会を開き、久原を総裁に選出した。ところが朝日新聞は久原を「正統派総裁」、またたんに「政友会総裁」と呼び、中島を「屋根裏総裁」、「革新派」と呼んだ。同盟通信は久原を「伝統派」、中島を「本部派」と呼んだ。では中島と鳩山また久原はいかなる主義主張を抱いていたのか。

以下は中島派の党員で一ジャーナリストが説くところである[35]。中島は大日本主義、鳩山は小日本主義、中島は改革派、鳩山は現状維持派であり、久原の主義主張は中島に近い[36]。あるいは中島は国家主義、革新政策であり、鳩山は自由主義、現状維持である。実力派や実行派が中島を支持し、インテリと非実行派が鳩山を支持しているという[37]。政友会の重鎮である堀切善兵衛はなぜ中島を推したのか。堀切は三八年六月文書を印刷して党員に配布した[38]。

堀切は中島を総裁候補とする理由を三点挙げている。「第一は人物が清新であり、清議《（ママ）》の指弾無く、政治上の失敗無く、剛毅朴訥、一見甚だ漠然たるが如きも、胸中には識見あり、主義あり、主張あり、能く時勢に順応して、大局を洞察するの明を有す、加ふるに気宇宏大にして、情誼にも亦甚だ厚し、所謂将に将たる器にして、最も将来ある政治家として、予の夙に推服せる所なり」、「第二は実業家として成功したこと、海軍から転身し飛行機製作に着眼したことは、先見の明、著しく時流を抜けるもの、財力を天下有用に散ずるし、財力があれば政治家として不浄に近づかない保証たりうる。中島は近衛内閣閣僚として、国策遂行に努力している、中島を通して我が党の政策を実行する」、「第三は政友会は新時代に即した主義主張により更生するから、中島が適任である」。

さらに堀切は日中戦争前のことだが、「支那の抗日侮日に対する問題がやかましくなった時、ある處で、国際正義がどうの、内政干渉がどうの、外交手続慣例がどうのと、欧米流の自由主義者等が、紛々たる議論をやつて居る際に、中島氏は『我国今日の急務は、此際一切の小理屈を踏み潰し、又弥縫策を排して、断乎大陸に邁進すべきである』と主張せられ(39)」た。中島は明らかに中国侵略論の立場であり、その立場に堀切は同調したのである。堀切は中島が設立した興亜国策研究会（国政研究会か）の理事長に就任した。

(8)　政敵、鳩山の考え

このころ自由主義者といわれた鳩山は何を考え、どう行動していたのか。一九三八年五月八日の日曜日、党有志に招かれて佐渡で挨拶をした。「独伊に学ぶべき点あるも独裁政治は日本に入るべからず……政民提携してファッショを排し政党を基礎とする内閣の成立に努力せよ(40)」とあるように、鳩山は反独裁、反ファッショの立場であった。そしてこの年末の一二月一〇日に、「日本世界政策」を発表した。それは「第一、人類の功利的対立闘争時代を葬り、万国共存人類共栄の新時代を迎ふる為めの支那事変たる事。第二、指導精神を従来の功利主義の侭に置くならば各種発明も人類生活を破滅に導く事。第三、八紘一宇の国是は万国共存人類共栄を意味する事。第

四、大愛に基く万国に平和と繁栄とを来す大創造力を発揮する事。第五、ブロック経済を最少限度に止むる事」[41]の五点である。ここには世界の共存共栄、平和主義が語られていた。鳩山の世界政策は武力による他国の侵略や領土獲得を否定し、したがって日中の即時和平というものであった。鳩山の精神は偏狭なナショナリズムを排する国際主義にあった。

そして一九三九年一月五日、近衛内閣は総辞職した。一月一二日午前中に、吉田前大使、岡、砂田、中井、猪野毛、大野らが鳩山をたずねた。吉田はこの席で、日中戦争の収拾について、①英国に仲裁の労をとらせる、米国も英国と一緒に行動する、②中国から賠償金をとる、③北支に特殊地位を得る、④外務省が交渉の任にあたる、の四点を主張した。[42]これは前年のこの頃破綻したドイツのトラウトマン工作とは異なり、英米を仲介者にして、外務省が交渉にあたるものであり、鳩山は「頗る同感の点多し」と賛意を示していた。

ところが鳩山の英米依存の平和主義は党内で旗色がよくなかった。鳩山の「日記」[43]一月一九日には「此の処中島派威勢よし」とあり、翌日には「……党の統制に服せず……恥を知らぬ……断乎たる措置」とあるとおりである。五月になると政友会の分裂は既成事実となった。鳩山は「世の中の人におくれをとりぬべし　進む時にすすまざりせば」と自分を励まし、「井の底を出でし蛙のいさましき　象もくぢらも一呑みといふ」、「酒をのみ煙草を吹かし芸者あげ　高く唄ふよ非常時の歌」にて時局を皮肉っている。こうして鳩山一郎は欧米的自由主義と平和主義を信じていたのであり、したがって戦時色が強くなっていた時局から、党の大勢から離れていった。大勢はいかに戦時体制にのるかに汲々としていたからである。

鳩山の平和主義は、ただたんに理想論にとどまらず、具体化の可能性があった。鳩山は一九三九年五月七日の日曜日、「グルー大使送別トーナメント」のゴルフ大会に参加し一八ホールプレイしている。(44) 鳩山もグルー大使もゴルフを愛したのであろう。もっとも鳩山は東京周辺や軽井沢で頻繁にプレーしていたからかなりのゴルフ愛好家といえる。ところでグルー大使とはもちろんJoseph Clark Grew（1880-1965）であり、アメリカ合衆国駐日大使を日米外交史上、一番困難なときに一〇年間務めた外交官のことである。

グルーは一九三二年六月特命全権駐日大使として着任し、太平洋戦争勃発後は抑留され一九四二年六月交換船で帰国した。グルー大使は満州事変後における日米緊張の高まりを緩和し、日中戦争勃発後は日米の衝突を避けるべく努力した。グルーの立場は日本の軍国主義者や右翼を強硬な方法を示して刺激することではなく、極力友好姿勢をとり日本側の平和・穏健派が勢力を回復することを期待するものであった。(45) 鳩山はグルーが期待をかけた政治家の一人であった。一九四一年九月六日「帝国国策遂行要領」が閣議を経て御前会議で承認された。いよいよ対米・英・蘭戦争が避けがたくなった。陸軍は対米交渉に何の期待も抱かなかった。海軍はアメリカの石油禁輸以来いらだちを強めていた。近衛はこの夜、密かにグルー大使を夕食に招き三時間の会談を持った。ここで近衛はルーズベルト大統領とのトップ会談をグルーに依頼した。グルーは国務省に連絡し実現を図ったが、ハルはとり上げなかった。

日中戦争はそもそも一発の銃声、それもどちらからのものか不明なまま始まり、それが拡大し泥沼化していった。何度か和平の試みもあったが、それは謀略的でありかつ相手を屈服させようという姿勢であったから、平和は容易に実現しそうになかった。しかも日本は一〇〇万人近い軍隊を派遣していた。国民に戦争の意義を説明しなければならない。それは蔣介石と袂を分けた汪とて同様である。こうして作られたのが「白人帝国主義からのアジア開放」論である。この考えは今井武夫や梅思平らが汪を脱出させるため個人的に調印した秘密条約にある内容である。そこには「白人勢力ヨリ東洋ヲ開放シテ『東洋ブロック』ヲ結成シテ」、「白人中最モ東洋ヲ侵害シアル英蘇両国ニ対シ共同戦線ヲ張ル」(46)とあるとおりである。これは一九三八年末のことである。そして「白人帝国主義からのアジア開放」論は「日満支を一環とする大東亜共栄圏」論となり、日本帝国の版図は日満支から仏印、蘭印までも含むようになった。「大東亜共栄圏」は一九四〇年七月二六日の近衛内閣による「基本国策要綱」によりはじめて示された(47)。七月二七日には大本営政府連絡会議が武力発動による南進政策を決定した。日本民族を中心にした大東亜共栄圏構想の考えは中島「選挙公報」(一九四二年四月一二日)にも強く出ている。すなわち以下の四点である。

それは第一に、「宇宙は不断に生成発展し、世界生命体は不断の進化発展」にあるように、世界史は不断の変化であり、進化であるという、進化論にある。そして民族には優秀民族と劣等民族があり、優秀民族である日本民族が他民族を指導することは進化論に合致する。第二に、日本民族は天皇中心とする純血単一民族であるという、天皇中心主義にある。そして日本民族が神の子であることが、他民族に対する優秀性の証である、ことになる。その思想を「皇国史観」[48]という。皇国史観は天皇の超歴史的存在と排外的日本中心主義に特徴があり、東大教授の平泉澄らにより提唱され、軍部や観念右翼らが支持し、教育や国民思想に大きな影響を及ぼした。第三に大東亜戦争は神業達成のための「神聖戦争」である、とする。第四に、大アジア建設は日本民族が中心となり、他民族を従えて理想郷を造る、という。ここにはナチスドイツばりの「血の純血性」と天皇主義がアジアと世界を征服するという、侵略思想がある。「革新右翼」の思想である。日中戦争以来日本兵が中国で犯した戦争や犯罪行為、また日本兵がいかなる困難に置かれているか、についての洞察がまったくない。中島は第二一回総選挙に翼協推薦候補となり、最高点で当選した。

(9)　政党の解散と大政翼賛会への道

近衛は軍部独走を抑止するには強力な政治新体制を作らねばならぬ、と考え、そのため四〇年三月末に立ち上がる決意をした。きっかけは二月二日民政党議員の斎藤隆夫による反軍演説であった。斎藤の除名問題をめぐって各党派は激しい内部対立を呈した。民政党は永井派と町田総裁派、政友会正統派は久原派と鳩山派、社会大衆党は麻生久、亀井貫一郎、三輪寿壮ら産報運動積極派および安部磯雄、松岡駒吉、西尾末広ら産報運動消極派がそれぞれ対立した。前者は親軍的であり、後者は現状維持的である。政友会革新派（中島派）はもちろん親軍的である。

近衛は中島を自宅に招き、「軍の横暴はこのままでは抑えられぬ。それには国民を背景とする大きな政党の力に依らねばならぬ。私はそのために新党を作る決意をした。曾つて伊藤公は自由党を基礎に大政友会を作ったが、今度私は政友会を基礎として大政党を作り、軍の横暴を抑えて日華事変を解決したいから貴君の政友会を貰い受けたい」といい、中島は「あなたがそういう御決心なら快く党を解いて捧げ、御協力致しましょう」と応じた。[49]中島は近衛新党に期待するところがあった。

一九四〇年三月二五日に各派議員一〇〇人余が聖戦貫徹議員連盟を結成した。参加者は政友会久原派、政友会中島派、民政党永井派、社会大衆党麻生派ほか有志議員である。彼らは諸政党を解消し、一大政党を結成しようとしていた。[50]聖戦貫徹議員連盟のナチス的傾向を毛嫌いした民政党の町田忠治は解党ではなく、連盟を主張した。ところが五月のある日曜日、内田信哉は近衛に呼ばれて「陸軍軍務局長の武藤章がこの新政党運動に大反対しているから、運動の達成は到底おぼつかない。既成政党の解体は暫く時期を待つよう」[51]と述べ、近衛は揺らいでいた。

六月に聖戦貫徹議員連盟は各党党首に解党を進言した。近衛は六月二四日枢密院議長を辞任し、新体制運動を推進することを表明した。早速七月六日社会大衆党が解党し、七月一六日政友会久原派が解党した。そして七月二二日近衛第二次内閣が成立する。しかし七月中旬軽井沢から帰ってから、近衛は中島に「政党が一本になるときは、直に軍から叩かれる危険がある。……解党などせずに、そのまま頑張って貰ひたい」[52]といい、中島は驚いた。中島は「それならば、このままで行く」と答え、解党を思いとどまった。また近衛が軽井沢滞在中に「軍部が新党は幕府的存在であると云って反対するので新党にあらざるものを考慮している」との情報もあった。その中島派も七月三〇日に政友会を解党した。中島は解党したが新たに芝園倶楽部をつくり、そこに同志を結集した。

この時中島は解党に反対した。それは近衛との約束があったのか、「一党独裁のファッショ反対」のためか、定かではないが[53]、党員が動き出してしまい孤立化しながら解党の道を選んだ。解党した旧政党人は八月八日に新体制促進同志会を結成した。これは政治の優位が建前としてあり、政党が指導権を有する組織である。同会に参加したのは中島派九八名、久原派四二名、中立派一六名、旧民政党永井派三八名、小会派五九名、計二五三名である。そして八月一五日民政党が解散し、ここに政党は消滅した。

⑽　新体制運動

後藤隆之助は六月一日近衛に矢部貞治東大教授(54)を紹介した。この時近衛は「新党運動」に対する決意を語った。矢部は昭和研究会での政治体制確立の研究を話した。矢部は近衛のブレーングループの一員になり新体制の綱領作成を引き受ける。近衛内閣が成立すると、近衛は新体制運動はやれないといい、後藤隆之助はそれでは近衛は政権に就くために運動を利用し、国民を欺いたと難じた。しかし矢部は一国一党論は幕府論につながるから無理である、とした。武藤軍務局長は一国一党論に固執し、矢部案を拒否した。「矢部教授が非政治的部分の政治への参与に重点をおいてこの組織の新しさを主張したのに対して、陸軍がより強力な推進部分の結集を主張した(55)」という違いであった。

近衛は「それじゃやるか」といい、新党運動から大政翼賛会に舵をとる。新体制準備会が開かれ、声明文は八月二八日に発表された。これは矢部が書いたものだが、これに反対であったのが陸軍軍務局長であり、彼はナチス同様の一国一党を考えていた。準備会では一〇時間にも議論が及んだ。矢部はこの組織を一国一党でも、新党でもなく、「万民翼賛の挙国的な国民運動」と定義した。

一九四〇年一〇月一二日大政翼賛会発会式（近衛文麿首相が総裁）となった。この人事では総裁は近衛文麿首相、常任顧問が及川古志郎海軍大臣、風見章法務大臣、東條英機陸軍大臣、中島知久平衆議院議員、安井英二内務大臣の五名であった。次に常任総務は有馬頼寧貴族院議員を含め一一名、ほとんどが貴族院議員と衆議院議員であった。この人的配置はトップが現役の首相であり、大臣であることであり、この組織の特徴を明示している。既存のすべての政党を解消し、代わりに「上から」の官制組織による国民動員を図ったことである。[56] 中島はこの時現役大臣でもないにもかかわらず、トップに名前を連ねていた。

中島は政党解消に未練を持っていたし、そして近衛の揺れを知ってはいたが、最後は近衛に従おうとしたものと思われる。それが証拠に中島は一九四〇年一〇月三日第二次近衛内閣の参議（国務大臣待遇）に就任した。それが中島をこの高い地位につけた理由であろう。したがって渡辺一英が書いていることは間違いである。意図的に中島を外しているといわざるをえない。少なくとも中島が大政翼賛会成立にひとつの役割を果たしたことは明白である。

しかし成立まもなく大政翼賛会は精神運動化する。その契機は新体制または翼賛会がアカであるという攻撃である。第七十六議会が議論の場であった。そして一九四一年四月七日翼賛会は改組され、有馬頼寧事務総長ら近衛側近グループが退陣し、代わって内務省と警察が主導権を握り内務行政補助機関と化した。一九四二年四月三〇日第二一回総選挙は「翼賛選挙」といわれ、一〇七九人が立候補者し、衆議院定数四六七人のうち翼賛政治体制協議会推薦の当選者が三八一人、非推薦で当選したものが八五名であった。このことは旧政党人を排除したことにはならない。選挙後に翼賛政治会が当選者により組織されたが、運営の中心は旧政党人であった。一九四二年一月一六日結成の翼賛壮年団は行動的であったし、四二年の総選挙には四〇名のメンバーが当選した。翼壮と翼政は主導権をめぐり抗争したが、結局翼政が勝ち、それは旧政党人、地方名望家層の力により支えられていたからである。一九四二年五月一五日閣議は大政翼賛会の改組を決定し、町内会、部落会の指導を強化した。六月には大政翼賛会副会長の安藤紀三郎が国務大臣として入閣し、政府と翼賛会の関係がいよいよ強くなった。議員は一九四一年九月二日の翼賛議員同盟に参加し、これは翌年五月に翼賛政治会になった。翼賛政治会初代総裁は阿部信行陸軍大将が就任し、総務二九名、一一一名の評議員、と七名の顧問が補佐した。顧問は大井成元陸軍大将、安保清種海軍大将、町田忠治衆議院議員、中島知久平衆議院議員、水野錬太郎貴族院議員、平生釟三郎産業報国会会長、小倉正恒戦時金融公庫総裁である。四五八名の代議士と貴族院議員全部が参加した。中島は枢要な人物の一人であった。

中島は成立時の大政翼賛会にはトップの一人に名前を連ねていた。四二年春の総選挙は同会推薦候補の一人であった。しかし当時の大政翼賛会＝アカ論のなかで彼自身が翼賛会を批判し、自ら強く攻撃するにいたった。中島が一九四二年八月一八日に翼賛会について書いたものを要約すると次のとおりである。第一に、翼賛会は官僚・軍のなかの赤色分子による赤色戦略である、第二に、議会が行政に従属することは憲法違反である、第三に同会を純粋の民間団体とするか解散する、というものである。第七六議会（一九四一年一月から）では町田忠治、鳩山一郎、中島知久平、浜田国松、川崎克らが大政翼賛会を攻撃した。

中島知久平の大政翼賛会＝アカ論は根拠が不明瞭であるが、行政の下請け機関化というのは事実であった。こうして中島は大政翼賛会から離れただけでなく、批判もしていたのである。翼賛政治会についても、中島は「東條首相が自己の政治力強保《ママ》のため自己の支持勢力を急造せんとする」ものであり、「純然たる官製御用党にして帝国憲法の精神に背馳」(57)するものとして批判していた。こうした翼賛会に対する見方は鳩山一郎にも共通しており、「東條の翼賛会訓示」は「憲法無視の行動が公然首相の口より発表せらるる様になった(58)」と述べている。

⑾　中島知久平の政党再編運動

大政翼賛会は近衛が作り、そのねらいは旧政党を解消し、強力な政治力を手にすることで軍の統帥権をチェックしようとするもの、すなわち目的は日中の和平実現にあった。しかし事態はまったく逆であった。近衛自身が「僕は大政翼賛会なんて、わけの分らぬものを作ったけれど、やはり政党がよかったんだ。欠点はあるにしても、これを存置して是正するより他なかったのですね(59)」と述懐した。大政翼賛会は近衛の頭を飛び越えていった。その思いは中島知久平にもあった。

一九四一年九月六日「帝国国策遂行要領」が御前会議で決定された。内容は一〇月下旬をめどに対英米蘭戦争の準備に入るべし、と言うものである。近衛は総辞職し、東條英機内閣が成立した。対中国和平で米国は機会均等、日本軍の撤兵を求めたが、日本は悉く拒否した。米国は対日制裁を発動して日本の屈服を図った。近衛が下野し、東條が登場した時、中島は新党をあれこれ構想していた。

その構想とは、どうしたら新党がつくれるかの思案である。中島が具体的に描いたものは、①芝園倶楽部中心主義、②翼賛議員同盟の政党化、③反翼賛議員同盟の政党化、④東京で準備会を開き各界、各層、地方に呼びかける、また翼賛会や旧政党人に呼びかける、などすべてをひとつにまとめ政党化する方式もありうる。中島はいくつも案を描いては消しまた書いた。プラスとマイナスを斟酌した。

最後に残ったものは、④案すなわち「政府、軍部、翼賛会と了解をつけ、中央有力者を集め、新政治組織準備会を設置し、翼賛会推進員を含む地方創立委員を指名し、新政党を結集する」(60)もので、四一年一一月半ばから準備を始め、四二年一月一五日には結成式にいたる構想である。そして中島は構想自体を客観的に評価し、「良処」は勢力広範に及び「絶大強固」、他方「難処」は翼賛会の問題を引き継ぐ、御用党となり失敗する、とみる。結局中島は行動を起こさなかった。

その理由は行動することのプラスとマイナスのバランスであり、時至らずの判断であったろう。あるいは同志に相談した結果でもあったであろう。

総選挙後の中島は何を考えていたか。彼は八月箱根の山荘にこもり、自身の行動について方針を思案していた。八月一一日には「政界引退」、「飛行機研究」などの道を示唆しながら、「堂々先人未企及の大勢力を結成し四周を圧し、大偉業を完成し、新世界歴史を建設し生命を投ず」の道にも未練を感じていた。しかしこの道は「二億円の軍資金が必要であり、しかもその調達は可能である」とみていた。中島はこれを「実行可能なり、決心と断行」いかんであると考えていた。これはナチス流の政治組織を作り、自らがその権力を取ると言う、構想は大きいが、実現性は薄い。中島はときに五九歳、人生の晩年に近づきさまざまな想いを描いていた。

人は中島知久平を称して「予言者」であり、「ソ連が攻め込む」、「東京は焼け野原になる」ことを予言したという。こうした「予言」はほかにもあるが、それは中島が決して神がかりな予言者であるということではない。それは慎重かつ冷静な思索の結果のひとつである。そのためにまず情報を集め、分類し、分析し、いくつかの方法を導き出し、それらを相互に比較し、プラスとマイナスをつけ、自分にとって最良の道を選ぶ。一九四一年一月に中島は次のように考えていた。この時中島は五七歳であり、一九五三年に七〇歳で政界を引退する、戦争は一九四五年まで続く。この間日中戦争と欧州戦争は一九四二年に終了する。中島は日米開戦を想定していない。

さすがに一九四二年九月になると、日米決戦を一九五〇～五二年とみていたし、また四二年に中国攻略、四三年にシベリア攻略、四四年から四五年にオーストラリアおよびインド攻略、四六年に米国空襲、四七年南米進攻と、世界征服をめざし、その可能性についてはきわめて楽観的であった。四七年に米国を征服し、次にドイツと覇を競い、日独人戦が終了するのは一九五九年のことと考えていた。日中戦争から二〇年以上にわたる戦争となる中島の世界最終戦は日独決戦であった。すなわち中島は将来起こりうることを歴史年表に書きつづっていた。そのいくつかは事実になったから、「予言者」になったのである。

しかし太平洋戦争は中島の「予言」通りにならなかったのみではなく、はるかに早く日本の敗色が濃くなった。太平洋における戦争で日本軍が攻勢から守勢に回った転換点が、一九四二年六月のミッドウェー海戦であり、日本は四艘の空母を失った。八月からのガダルカナル島の争奪戦は日本軍の大損失のうち一二月三一日に島からの撤退となる。一一月一四日第三次ソロモン海戦のころ中島は「これは大変なことになる。……戦争は必ず敗けになる[61]」といった。ようやく事態の深刻なことに気がついた。

その直前まで中島は事態を楽観視していた。「政治一五年奮闘計画」（一九四二年八月一三日）によれば、一九四四年には政党を結成し、四七年には政権を獲得するし、この時日本は生産力、軍備が世界一となり、シベリアから満州、中国、インド、オーストラリア、タイ、仏領インドシナ、ビルマ、南方諸島、「米本国領地」一切を領有し大日本帝国を建設すると書いた。[62] こうした夢想ががたがたと音を立てて崩れたのである。

5 「必勝戦策」

そこで中島は飛行機戦策を提案する。それは「必勝戦策」である。一九四三年八月に中島は謄写版印刷し、東條、高松宮、近衛、松永寿雄海軍少将、航空戦術家に配布した。[63] これはB５版のサイズで九八頁に及ぶ大きなものであるだけでなく、図表が一〇枚挿入されている。序文、一～六章、結語という大論文である。

ねらいは「超大型飛行機による大爆撃編隊によりアメリカ本土の製鉄所、アルミニューム工場、石油精製所また敵の大型爆撃機の基地を破壊する」[64] ことにある。そのために大型機製造に集中するから、小型飛行機や艦船の製造が犠牲になるのはやむをえないと、いう。中島はこの説を東條首相や陸海軍のトップに説いて回った。だれからも相手にされなかったために、彼は会社をあげて超大型戦略爆撃機の試作を決意した。一九四二年一一月、太田の中島倶楽部に各工場のトップと技術者を集めアメリカのB36以上の大型飛行機の設計と試作を命じた。まとめやくは小山悌技師であった。必勝防空研究会が担当組織であった。四三年一月末に関係者を武蔵製作所に集め基本方針を発表し、機種を決めた。小泉製作所での重役会議の時、「Z機に軍部が反対しているのに無理に進めるのはいかがか」という発言に中島は気色ばんで「バカなことを言うな」と怒鳴りつけた。そして次のように言った。

「中島飛行機は、金儲けのために在るのではない。国家のために立っているのだ。軍のワカラズ屋共が何と言わうとも、国が危機に直面している時、安閑としてその国難を傍観していることができるか。この中島飛行機は、創立の趣旨を顧みて、刻々に迫りつつある国家の危機を打開するために最も役に立つ飛行機を造って奉公しなければならないのだ。こうするのがわが社の使命であると心得なければいけない。そのために会社が大損をしてもかまわぬ。今後軍部のものが何と言っても問題にせず、ドシドシ仕事を進めてもらいたい(65)」。

これは佐久間一郎による証言である。中島の考えは営利企業の範囲を越えている。しかも中島がZ機に求める要求性能が普通ではなかった。

一、攻撃半径は八五〇〇キロメートル以上。
二、積載する爆弾量は一トン爆弾を二〇個以上。
三、有効な防御のために、銃砲火器を搭載し、座席に厚い装甲を施し、敵の戦闘機と同等以上の高速性能。

四、一万メートル以上の高高度飛行能力。

五、少ない資材での製造可能性。

中島における大型機生産の経験は、一九三八年からのことであり、「深山」(六機)、「連山」(四機)がそれである。ダグラス航空機のDC-4型の試作機と購入機をモデルにした。したがって制式機とはならなかったが、大型機製作の経験はあった。Zの基本設計による性能は次のとおりである。

全幅六五メートル、全長四五メートル、全高一二メートル、三点静止角度九度

主翼面積三五〇平方メートル、最大翼弦九メートル、上反角三・五度、縦横比一対五、取付角六度、水平尾翼面積六〇平方メートル、垂直尾翼面積四〇平方メートル

胴体内タンク容量四万二七二〇リットル、翼面荷重四五七平方キログラム、馬力荷重五・三キログラム・馬力、自重六七・三トン、搭載量九二・三トン、正規全備重量一六〇トン

発動機六基、一基の最大馬力五〇〇〇馬力　計三万馬力

速度　高度七〇〇〇メートルで時速六八〇キロメートル

実用上昇限度　一万二四八〇メートル(軽荷)　一万二〇〇メートル(正規)

航続力　爆弾二〇トン搭載して一万六〇〇〇キロメートル

ところで日本の主要都市を爆撃し、焦土とした戦略爆撃機はアメリカ、ボーイング社のB29である。

B29はアメリカ陸軍が一九四〇年一月、メーカーに求めたものである。

その仕様は次のとおりである。

速度　時速六四〇キロメートル以上
航続距離　八六〇〇キロメートル以上
爆弾搭載量　一トン

結局ボーイング社が採用され、一九四二年九月に初飛行した。B29のスペックは次のとおりである。高高度飛行のため与圧キャビンが設けられた。全部で三九四三機が製造された。

全幅　四三・〇五三メートル
全長　二九・九二一メートル
自重　二万九九九二キログラム
全備重量　五万四四三二キログラム
時速　五九二キロメートル
爆弾搭載量　七二五七キログラム
航続距離　六五九八キロメートル

エンジン　ライトR-3350-12　高度七六二〇メートルで二二〇〇馬力を四基、一基に
　二つの排気タービン（ターボチャージャー）

B29は四発エンジンであるが、さらにアメリカ陸軍は次を考えていた。それは六発の「テン・テン・ボマー」と呼ばれた爆撃機である。これは一万（テン・サウザンド）ポンド（四五三六キログラム）の爆弾を積み、一万マイル（一万六〇九三キロメートル）を航続できるものとし、アメリカ本土から大西洋を越えてドイツ爆撃を可能とする計画である。コンソリデーテッド社のXB36が試作され戦後の一九四六年八月に初飛行した[66]。その後ジェットエンジンが搭載され、B36Dとなった。

仕様は次のとおりである。

全幅　七〇・一メートル
全長　四九・四メートル
翼面積　四四四・三二平方メートル

中島から見れば一刻の猶予もなかった。彼は昔からの恩人である井上幾太郎大将（帝国在郷軍会長）を介して杉山元参謀総長に会おうとしたが、いつも逃げられた。とうとう東條首相（兼陸相兼軍需相）との相談では試作について合意ができた。一九四三年は戦闘機中心か、爆撃機中心

かの問題が起こった。一中佐の停職問題にまで発展したが、東條陸軍大臣の決断により戦闘機重点になった。[67] 爆撃機は分が悪かった。

そしてようやく一九四四年の初めに「試製富岳（また嶽）委員」を陸海軍航空技術委員会内にもうけ、中島は委員長になり勅任官二等の待遇を得た。この幹部クラスには自動車が提供されたが、中島は自家用車を使用した。三月に準備が進み、四月から発足した。Z機の名称は陸軍の希望で「富嶽（岳）」となった。[68] このスタッフは大規模であった。陸軍航空技術研究所、海軍航空技術廠、航空研究所、中央航空研究所、中島飛行機、三菱重工、他の飛行機メーカー、材料の住友金属工業、タイヤの日本製作所などが参加した。四月初めの第一回の顔あわせは中島の小泉製作所に集合した。その後は明治生命ビル六階の広い二部屋を会議室とした。中島飛行機からは、小山悌、西村、太田、松村、松田らの技師および、中島知久平の秘書役に太田製作所の石原信一技師らが加わり、陸軍では緒方少将（第一陸軍航技研）、安藤成雄大佐、星野技術大尉、海軍では佐波次郎少将、野邑少佐が中心人物であった。

富嶽は陸軍航空本部からの命令であった。しかし中島工場を管理する軍需省航空兵器総局長官に秘密であった。遠藤三郎航空兵器総局長官は「富嶽」は「実用に供しない」から、航空本部に中止を要求した。中止の意見を参謀総長東條大将に提出した。東條は処理を参謀次長後宮淳大将に任せた。後宮淳大将は四月一五日参謀本部と陸軍航空本部の部員二〇数名を参謀本部に招集し、遠藤の意見を審査した。

遠藤の意見は①完成迄数年を要し戦局に間に合わない、②生産機数は少ないし、敵の防空網を突破できない、③たとえアメリカ本土に到達しても、積載爆弾量からみてアメリカを屈服させることは不可能というものであった。後宮淳大将は東條に復命し中止命令を発した。

遠藤は委員に対して自分の会社の現場に帰れ、と命じた。頼りにしていた東條英機が内閣を放り出した（一九四四年七月二二日）。「試製富岳（また嶽）委員」は八月には仕事を中止し、明治生命ビル第二会議室で解散式を行なった。

6　中島飛行機は第一軍需工廠になる

(1)　軍需省と航空兵器総局

一九四三年九月二八日東條総理大臣が軍需省設置を内示した。目的は陸海軍航空の一本化により軍用飛行機の生産部門を統合し、他方で陸軍・海軍の技術部門は別にそれぞれが持つことになった。さらに企画院と商工省とが陸海軍航空の生産部門を統合した航空兵器総局となった。こうして一一月一日軍需省が成立した。その人事は次のとおりである。

大臣　東条英機（総理大臣と兼務）
次官　岸信介（国務大臣）
総動員局長　椎名悦三郎
航空兵器総局長官　陸軍中将遠藤三郎
同　総務局長　海軍中将大西滝次郎
同　第一局長　陸軍少将原田貞憲（機体、発動機）
同　第二局長　海軍少将多田力三（関連兵器）
同　第三局長　海軍少将久保田芳雄（資材）
同　第四局長　陸軍主計少将太田輝（調弁）
機械局長　美濃部洋次
鉄鋼局長　海軍少将名川武保
軽金属局長　陸軍少将中西貞喜
非鉄金属局長　欠（次官兼務）
化学局長　津田　広
燃料局長　菱沼　勇
電力局長　塩原時三郎

航空兵器総局の任務は「航空機及びその関連兵器、器材等に関する事務（これ等の物資の調弁およびこれに伴う事務を含む）を掌る」、「作戦に関しては陸海軍大臣の直接指示をうく[69]」とあり、軍需大臣から独立していた。官僚機構の変化は生産現場を再編した。

次に中島飛行機を第一軍需工廠にする経過をみよう。

一九四三年五月二四日に遠藤三郎は単身で中島の武蔵工場へ行き、ここでの従業員の声[70]を聞いた。彼らは遠藤に次のような不満を述べた。

①学徒や徴用者が株式会社の社長や株主の利益のために働くことは納得できない。

②軍人の監督官が軍服を着用して威張っていることへの反感をおぼえる。

③軍隊に召集され、熟練工が不足している。

④同じ工場で働きながら軍人は国家から処遇されているが、民間人はそれがない。

遠藤の主張は次のとおりであった。

第一に、兵器産業は国家が必要とする場合損得をぬきで、危険負担する、不必要であれば生産中止にいたる。

第二に、利潤目的の株式会社にふさわしくないから、国営にすべきだ、その理論は京都帝国大学作田博士の兵器産業公社論を参考にした。

第三に、従業員を軍籍にいれるべきだ。

軍需産業としての航空機生産は民営をはなれて公営にするべきであるというものであった。遠藤は公営化のために力を発揮した。

さらに一九四四年の暮れに会社幹部が非公式に「航空機の増産対策如何」という意見を聞かれた。

会社幹部の返答は次のとおりである。

(ア)飛行機工場からすべての軍人を引き上げる。

(イ)各社長と工場長に権限を発揮させる、すなわち従来は軍需管理官と管理官が権限を握っていた。

(ウ)熟練工、応召者の召集解除。

という反軍的であったから特に陸軍の反撥を呼び、国営化に弾みをつける結果になった[71]、という。

その経過は以下のとおりであった。

①海軍は賛成。

②陸軍ことに総局第一局長原田貞憲少将は陸軍省戦備課長佐藤裕雄大佐とともに、官営の非能率を理由に反対。

③遠藤は小磯国昭総理大臣と杉山元陸軍大臣に説明し、官営の同意を得た。小磯総理大臣は

中島に相談したが、中島が反対し、小磯は遠藤と中島が直接に交渉すべきだといった。
④遠藤は中島に「工場従業員を軍籍に」、中島は中島喜代一社長を軍工廠長官にすることを条件に承諾した。
⑤総局内の反対、軍の監督官の不満があり、退役の有川中将（陸軍航空の最長老）の次長就任にて妥協をはかった。
⑥三菱の岩崎小弥太の反対
中島飛行機の規模は一九四五年四月一日現在、[72] 次のとおりである。
工場数一〇二
敷地面積一〇七六万九〇〇〇坪
建物床面積七〇万四〇〇〇坪
機械の数三万七三五台
就業人員二五万人

(2)　第一軍需工廠の成立

一九四五年四月一日軍需大臣から使用令書および供用令書が中島飛行機に発せられ、役員が任命され開廠式が行われた。役員は次のとおりである。

長官　　　　　　　　軍需官　中島喜代一
次長　　　　　　　　同右　有川鷹一陸軍中将
本部総務部長　　　　同右　山本　昇陸軍主計中将
機体・資材部長　　　同右　石井常次郎海軍中将
発動機部長　　　　　同右　橇谷吉太郎陸軍中将
技術部長　　　　　　同右　中島乙末平
経理部長　　　　　　同右　平井　博海軍主計中将
第一製造廠長　　　　同右　大和田繁次郎（太田）
第二　　　　　　　　同右　吉田孝雄（小泉）
第三　　　　　　　　同右　三竹　忍（半田）
第四　　　　　　　　同右　栗原甚吾（宇都宮）
第一一　　　　　　　同右　佐久間一郎（武蔵）
第一二　　　　　　　同右　澤守源重郎（大宮）
第一三　　　　　　　同右　正田太平（松山）
第一四　　　　　　　同右　長澤雄次（大谷）
第二一　　　　　　　同右　小山　悌（黒沢尻）

第二二　同右　関根隆一郎（三鷹）
第二三　同右　沼津武志（荻窪）
第二四　同右　石黒康助（三島）

本部役員は陸軍と海軍が折半している。その他の組織は中島飛行機のままである。ただし陸軍、海軍から派遣されていた管理官と軍需管理官はすべて軍需官に編成された。使用の対象は次のとおりである。

土地七八二六万二〇〇〇円　機械装置二億二一五一万六〇〇〇円
建物一億九〇四九万三〇〇〇円　特許権　八〇〇〇円
構築物一三八六万円　計　五億四一四四万円

中島飛行機株式会社はどうなったか。

使用者は中島飛行機に対して使用料として保有費、協力費、補償費を支払う。同社は今や土地、建物、機械を所有し、それをリースすることのみである。すなわち土地建物と設備の会計管理、下請工場への投融資、売掛金の整理のみとなり業務は縮小した。役員は退職し、新役員が決まった。

取締役社長　中島知久平

取締役　　　中島忠平
取締役　　　木村権四郎
監査役　　　中島門吉

そして六月期決算では三九五七万三〇〇〇円の使用料が支払われ、五〇〇〇万円の資本金で五一七万九〇〇〇円の利益を出した。この中から役員賞与と株主には年七％の配当が支出された。

第一軍需工廠の課題は地下工場の建設と航空機の製造である。地下工場は以下のとおりである。いくつかの地下工場は作業を開始した。

第一製造廠　　藤岡、藪塚（二一の分散疎開工場、以下同じ）
第二製造廠　　後閑、郡山（一八）
第三製造廠　　小松、大聖寺（三）
第四製造廠　　城山（四）
第一一製造廠　浅川、福島（三六）
第一二製造廠　松山（吉見）（一三）
第一三製造廠　原ノ谷（三六）

第一四製造廠　大谷(五)
第二一製造廠　岩手県各地
第二二製造廠　五日市(二)
第二三製造廠　塩山（九）
計一四地下工場　一四七分散疎開工場　三五万九三八〇坪

これらの中の地下工場では浅川と城山がよく知られている。本格的な地下工場であり飛行機の組立も行われた。しかし多くの工場は高温多湿のため作業環境が悪いし、製品がさびるという問題を抱えたままであった。その生産実績は次のとおり。

	四月	五月	六月	七月	八月
第一製造廠	一二二	八三	九〇	一三七	四八
第二製造廠	二七七	三〇二	二三一	一七三	一〇五
第三製造廠	一二六	六七	六〇	九二	二三
第四製造廠	六三	一一五	七八	四七	二二
第二一製造廠	二	一	五	五	七

機体計	五九〇	五六八	四六四	四五四	二〇五
第一一製造廠	二〇六	一七九	二〇一	一一七	六一
第一二製造廠	二四二	二九〇	三〇三	一四六	八〇
第一三製造廠	七一	七九	一〇一	七三	七
第一四製造廠	〇	〇	一	四	六
第二二製造廠	二	三	二	三	〇
発動機計	五二一	五五一	六〇八	三四三	一五四

（出所：富士産業株式会社『富士産業会社の沿革』一九四八年、八一～八二頁）

(3) 敗　戦

一九四五年八月一五日、日本はポツダム宣言を受諾し無条件降伏した。第一軍需工廠がスタートしてわずか四カ月余のことである。鈴木内閣は敗戦処理を進め、軍需省関係は軍需大臣豊田貞次郎が指示した。八月一六日航空兵器総局長官の遠藤三郎は第一軍需工廠長官中島喜代一に対して、①兵器生産停止、②生産設備使用の停止と設備の中島飛行機への返還、③従業員の処置の三つを口頭で指示した。

さらに八月二六日軍需省廃止と第一軍需工廠の解散となり、東京湾内戦艦ミズリー号においてさまざまな戦後の処理が始まった。中島知久平は東久邇宮稔彦内閣の商工大臣となり、一九四五年九月二日東京湾内戦艦ミズリー号において降伏文書に署名した（次頁の写真は上村竹治氏提供）。従業員のうち学徒、挺身隊、徴用工はそれぞれの家庭と原職へ帰ることになった。一般従業員の一割は中島に残ることになり、武官や中島社員の軍需官は廃官になった。第一軍需工廠による契約はすべて破棄された。工廠財産のうち設備は国有とし、半製品、仕掛品、材料、工具、船舶、車両運搬具は遠藤三郎の指示により中島所有となった。ただしこれが有償か無償かについてはまったく不明であった。

一〇月になると方針が明確化した。一日、商工省転換課長武内征平は富士産業株式会社主計課長に対して①官設の施設は官有とする、②資材は有償とし価格は別途協議する、となり有償化に大きく転換した。この方針が一九四六年一月八日商工省と富士産業の間で調印され、有償の価格は帳簿価格になった。その後価格をめぐって交渉が行われ、五月二日商工省において整理部長三木と中島喜代一社長が四億二〇二三万八五三〇円一二銭で合意した。

同年八月、戦時補償特別措置法が成立し、戦後の政府の支払いや政府への請求権が打ち切られることになった。そして戦時補償特別税が課せられた。これによれば富士産業は入ってくるはずの金が打ち切られ、加えて課税されれば二〇億七〇〇〇万円の損失が予想された。これでは三〇朕ハ昭和二十年七月二十六日米英支各國政府ノ首班カポツダムニ於テ發シ後ニ蘇聯邦カ參加シタル宣言ノ掲クル諸條項ヲ受諾シ帝國政府及大本營ニ對シ聯合國最高司令官カ提示シタル降伏文書ニ朕ニ代リ署名シ且聯合國最高司令官ノ指示ニ基キ陸海軍ニ對スル一般命令ヲ發スヘキコトヲ命シタリ朕ハ朕カ臣民ニ對シ敵對行爲ヲ直ニ止メ武器ヲ措キ且降伏文書ノ一切ノ條項竝ニ帝國政府及大本營ノ發スル一般命令ヲ誠實ニ履行セムコトヲ命ス

内閣

裕仁

天皇御璽

昭和二十年九月二日

内閣總理大臣 稔彦王
國務大臣公爵 近衛文麿
海軍大臣 米内光政
外務大臣 重光葵
運輸大臣 小日山直登
大藏大臣 津島壽一
司法大臣 岩田宙造
農林大臣 千石興太郎
國務大臣 緒方竹虎
内務大臣 山崎巌
商工大臣 中島知久平
厚生大臣 松村謙三
文部大臣 前田多門
國務大臣 小畑敏四郎
陸軍大臣 下村定

内閣

ミズリー艦上において調印された降伏文書

〇〇人の従業員の死活問題となるので富士産業は課税対象にならないことを力説した。交渉は商工省から大蔵省の主税局長池田隼人および国税第一課長渡辺喜久造に移った。大蔵省は強硬に課税を主張したが、連合軍総司令部経済科学局財政課バロンは「前払い金」について非課税説を採った。

中島飛行機から第一軍需工廠への転換は、松本烝治や田中耕太郎両博士の見解は「私法上の契約に基づく営業の賃貸借」というものである[73]。敗戦後の処理について、両氏は資材の所有権も移転すると述べている。中島飛行機は第一軍需工廠から賃貸料を得ており、両者の関係は地主とテナントの関係である。また民間が所有し国家が経営するという、「所有と経営の分離」でもある。これが契約に従って行われ、敗戦により契約が失効したのである。第一軍需工廠の成立によって何が変わったか。中島飛行機の組織には何らの変更もなかった。三月三一日のある課長の仕事は四月一日になっても同じ仕事をしていた。したがって名称は変更しても内容に変化は生じなかったから、敗戦後の従業員は設備の破壊や資材の散逸を防ぎ、混乱を最小限にとどめた。

一九四五年八月一七日中島飛行機株式会社は商号を富士産業株式会社と変更した。軍需産業から平和産業への転換を意図したものである。

中島知久平は戦後はインフレーションになることを予言した。土地や資産は売るな、莫大な借金は気にするなと言った。こうして戦後の混乱期に中島資産の投げ売りは回避された。

注

（1）著者不明『中島知久平』日統社、一九三三年、一～二頁。
（2）山北太郎『革新時代の党領中島知久平を研究す』交通研究所、一九三七年、七三～七四頁。
（3）渡辺一英『巨人　中島知久平』鳳文書院、一九五五年、三〇九頁。毛呂正憲編『偉人　中島知久平秘録』上毛偉人伝記刊行会、一九六〇年、一四一頁には「遺稿」が見つかり同書に収録とあるが、この論文は掲出されていない。
（4）山北太郎、前掲書、七九頁。
（5）伊藤隆『昭和十年代史断章』東京大学出版会、一九八一年、は「革新」は①東亜新秩序形成、②国内体制の変革、③排英と日独伊による世界秩序をめざす、としている（一四頁）。
（6）古在由重『哲学とはなにか』岩波新書、一九六〇年、一〇二頁。
（7）戸部良一『逆説の軍隊』中央公論社、一九九八年、二六六～二七四頁。
（8）額田坦『陸軍省人事局長の回想』芙蓉書房、一九七七年、三二三頁。
（9）矢次一夫『昭和人物秘録』新紀元社、一九五四年、二五七頁。粟屋憲太郎『昭和の歴史（六）昭和の政党』、小学館、一九八三年、二二五～二二七頁による。
（10）水島彦一郎『中島知久平氏と其革新政策』私家版、一九四〇年、一〇八頁。
（11）同右、一〇五頁。
（12）同右、一〇九頁。

(13) 同右、一〇七頁。以下頁数のみ本文に記す。
(14) 富士重工業『中島知久平顕彰記念冊子』一九九八年、二二頁。
(15) 山北太郎、前掲書、二二頁。
(16) 岡義武『近衛文麿』岩波新書、一九七二年、五一～六八頁による。
(17) 升味準之助『日本政党史論』第七巻、東京大学出版会、一九八〇年、二七頁。
(18) 岡義武、前掲書、六八頁。
(19) 同右、八〇頁。
(20) 日本国際政治学会『太平洋戦争への道　四　日中戦争（下）』朝日新聞社、一九六三年、四〇頁。
(21) 黄仁宇『蔣介石』東方書店、一九九七年、二一三頁。
(22) 升味準之助、前掲書、二〇頁。
(23) 秦郁彦『昭和史の軍人たち』文芸春秋、一九八二年、二六三頁。
(24) 劉傑『漢奸裁判』中公新書、二〇〇〇年、四七～五一頁による。
(25) 同右、五八頁。
(26) 渡辺一英、前掲書、三三七頁。
(27) 『政界往来』一九三八年七月。渡辺一英、前掲書、三三〇頁。
(28) 渡辺一英、前掲書、三四二頁。
(29) 升味準之助、前掲書、一一七頁、立憲政友会誌編纂部編『立憲政友会史』第一〇巻、一九四三年、一二頁。
(30) 野依秀市『正義は遂に勝てり』帝都日日新聞社、一九三九年、九五頁。

(31) 渡辺一英、前掲書、九七〜九九頁。
(32) 『立憲政友会史（第一〇巻　中島知久平総裁時代）』一九四三年、日本図書センター復刻版一九九〇年、三〇頁。
(33) 同右、五三〜五八頁。
(34) 同右、六四頁。
(35) 野依秀市、前掲書、一二六頁以下。
(36) 同右、三九頁。久原房之助は「一国一党論」を主張していた。奥健太郎、前掲論文参照。
(37) 野依秀市、前掲書、一九一頁。
(38) 同右、一八一〜一八四頁。
(39) 水島彦一郎、前掲書、一二四頁。
(40) 鳩山一郎『鳩山一郎・薫日記』中央公論新社、一九九九年、一二三頁。
(41) 同右、五二頁。
(42) 同右、五九頁。
(43) 同右、六一頁。
(44) 同右、八〇頁。
(45) 中村政則『象徴天皇制への道』岩波新書、一九八九年、を参照。
(46) 劉傑、前掲書、四九頁。
(47) 岡義武、前掲書、一二一頁。
(48) 永原慶二『皇国史観』岩波ブックレット、一九八三年。

(49) 渡辺一英、前掲書、三七〇頁。
(50) 升味準之輔、前掲書、一六一頁。
(51) 同右、一六三頁。
(52) 同右。
(53) 同右、一九二頁、渡辺一英、前掲書、三七四頁。
(54) 矢部教授は一九〇二年一一月鳥取県生まれ、一九二六年三月東京帝大法学部政治学科卒業と同時に助手、一九二八年五月助教授、一九三九年八月教授となる。政治学を担当した。この間外務省、海軍省の嘱託を兼ねる。『矢部貞治日記』読売新聞社、一九七四年、がある。
(55) 伊藤隆、前掲書、五〇頁。
(56) 渡辺一英、前掲書、三七五頁では「これは、臣道実践を標榜したものと言われたが、その性格を吟味すると、ファッショ機構を持つ幕府的存在であることが明瞭で、憲法の精神に悖るものなのであった。……中島や町田等は立憲政治を冒瀆するものであると憤慨し……町田や中島に属した旧同志の中にもこの憲法無視を痛憤した者が多かった」とある。
(57) 毛呂正憲編、前掲書、二三七頁。
(58) 鳩山一郎、前掲書、二八三頁。
(59) 岡義武、前掲書、一九六頁。富田健治『敗戦日本の内側——近衛公の思い出』古今書院、一九六二年、一一二頁。
(60) 同右、二一五頁。
(61) 渡辺一英、前掲書、四〇〇頁。

(62) 毛呂正憲、前掲書、二六八頁。
(63) 渡辺一英、前掲書、四一三頁。
(64) 同右、四〇一頁。
(65) 同右、四〇二頁。
(66) 『日米軍用機』別冊歴史読本、新人物往来社、二〇〇二年、一四九頁。
(67) 遠藤三郎『日中十五年戦争と私』日中書林、一九七四年、三〇五頁。他方で陸軍は大型爆撃機を放棄したわけではない。陸軍は一九四三年五月、川崎航空機工業に対して「キ-九一」の試作を命じた。この機はアメリカ本土爆撃性能を有し、高度一万メートルでの最高速度は時速が五八〇キロメートル、爆弾を四トン搭載して九〇〇〇キロメートルの航続距離、二〇ミリメートル機関砲を一二門装備するものである。気密室なしの一号機は一九四六年六月に完成の予定であった。一九四五年二月には試作中止が決定された（野沢正・岩田尚『日本航空機総集　川崎篇』出版協同社、一九八二年、一七〇頁）。
(68) 「富嶽」については前間孝則『富嶽』講談社、一九九一年、が詳しい。
(69) 遠藤三郎、前掲書、二九五頁。
(70) 同右、三〇六頁。
(71) 富士産業株式会社『富士産業株式会社の沿革』一九四八年、二一頁。
(72) 同右、三九頁。
(73) 同右、一二二～一二五頁。

おわりに

中島知久平は戦後軍需大臣とその後継の商工大臣を務め、内閣の一員として降伏文書に署名した。その後は一切の公職から退いた。中島飛行機は財閥解体では旧財閥の三井や三菱と並んで解体の候補にあげられ、財閥家族はそれらの企業と関係することを許されなかった。加えて中島は極東軍事裁判でA級戦犯容疑の身であった。容疑というのは中島が飛行機王であったからではない。近衛内閣の一閣僚として、戦争政策にどの程度関与していたか、を疑ったのである。また糖尿病と高血圧という成人病の患者であった。したがって尋問は在宅のままで行われ、巣鴨プリズン入りは免れた。

戦犯の件は「容疑なし」となった。しかし富士産業が持株会社整理委員会により持株会社に指定されたし、個人資産の凍結措置は、生活を圧迫した。一九四七年には愛娘が結婚し、また信頼しすべてを任せてきた弟の喜代一が死去した。そして中島知久平はそれから二年後の一九四九年一〇月に脳溢血で急死した。享年六六歳であった。

さて中島知久平の評価は「巨人」説、「偉人」説があり政治家時代については毀誉褒貶、金力政治家、大臣病、「大賢は愚に似たり」とあれこれある。「巨人」説、「偉人」説はいずれも中島知久平の関係者により書かれたものであり、個人を顕彰し、記録するために残された。いままではそれらは歴史的な資料として存在するが、社会科学や歴史学の批判に耐えうるものではない。

本書は中島知久平の足跡と思想を、近代日本の時代に位置づけようとした研究である。中島自身がどう語り、どのように行動し、思索したのか、それを再構成した。それをまとめると以下のとおりになる。

第一に中島は帝国海軍軍人であり、まちがいなく誰もが羨む郷土の誉れであり、エリートへの道を歩んでいた。軍人のままでいれば幾人かの同級生と同様に中将まで出世したことはまちがいない。しかし中島は「やっとこ大尉」まですすみ、ここで退役した。軍人として成功の途中であった。

第二に中島は日本の飛行機王となった。彼はほとんど裸一貫から巨大な飛行機メーカーをつくりあげた。近代日本でこれほどの大成功を収めた企業家がほかに幾人いただろうか。中島飛行機は今日のソニーやホンダに匹敵する。中島は昭和の本田宗一郎といっていい。ビジネスマンとしては大成功をおさめた。実際中島飛行機が本田宗一郎と藤澤武夫を結びつけた。

第三に政治家としての出世ぶりにも目を見張るものがある。議員になって一〇年で二大政党の一方の領袖になったし、大臣の椅子を二度手に入れている。

　第四は富獄についてである。富獄は実現性のない誇大妄想ともいえよう。しかし中島は夢は描かなければ決して実現しない、ということを示したのである。富獄の開発は周囲の状況をみれば、遠藤三郎が主張する通り不可能であった。それはまさに軍部テクノクラート官僚の発想である。ところが中島は軍部官僚であることを拒否して野に下った人物である。彼は官僚では不可能な大きな夢を描いて企業をおこした。もちろん富獄の構想はその延長線の上にあった。彼の信念は夢を描き、それについて情報を蒐集し、緻密な計画を樹てて最後に実現することである。富獄の構想は官僚では不可能であり、民間人でなければかなわない発想の大きさがあり、ここに官を脱した中島の原点があったといえる。富獄の意味は大きい。

　こうしたほぼ一〇年ごとの異例な人生の転換と出世ぶりは、それだけみればまさに「巨人」であり「偉人」であった。しかし政治家時代の内容を問わなければならない。昭和戦時期の政治家中島の立場は「革新派」であり、親軍的であり、「皇道派」軍人と同じ地平を見ていたのである。昭和戦時期の「革新派」は戦時体制を構築し、戦争拡大派であった。中島は中国侵略を支持し大東亜共栄圏構築を信じていた。「革新派」としての立場は決して少数派ではなく、それゆえに彼はリーダーになったのであるから政党政治家の戦争責任の問題にもかかわるのである。

　それにしても中島知久平はなぜ三つの人生を転換《ホッピング》したのか。海軍軍人を辞めた理由は自由に飛行機を作りたい、しかも飛行機製作がビジネスとして成り立つという確信があったからだ。しかも中島には受験で大きな挫折があり、海軍機関学校進学は本人には不本意な余儀なくされた選択であったことだ。青年時代の挫折経験のもった意味はきわめて大きかったと言える。もし第一希望どおりに陸軍士官学校に入学していたら、それなりに出世したが、平凡な軍人の人生で終えていたかもしれない。しかし飛行機王から政治家への転進の理由はよくわからない。空軍独立のためとはいうが、そのために大きく動いていないからだ。これは彼の心に動く「破壊―革新」という人生再設計の行動、すなわちシュンペーター・マンとして考えられる。飛行機王成功の道を平穏に歩むのではなく、その道をはずれ、一見「破壊―革新」の衝動的行動と見えるが、実は計画的な道をとったといえる。

それでは中島の生き方が現代に問うものは何か。現代の日本人は官界であれ民間であれ大きな組織を好み、その世界で安定した人生を過ごそうとする。それは日本経済が右肩上がり成長の時代に形成された終身雇用制にどっぷりと浸かったせいである。大きい組織に属していればわが身とわが生活は安泰であると信じられていたためである。

ところが二〇世紀末から二一世紀の初めの日本はどうか。優良と思われた企業がつぶれ、歴史を刻んできた企業が名前を消している。それらは銀行、商社、建設、機械、食品など日本をリードしてきた栄光の企業である。問題のひとつは「ぬるま湯」的な日本的経営、すなわち終身雇用と企業系列にあったことは明白である。中島知久平は将来性あるエリート軍人の道をためらうことなく捨てた。そして身体ひとつで飛行機メーカーを作った。三菱重工は三菱財閥、川西航空機は日本毛織、川崎航空機は川崎造船のようにいずれもバックがあった。中島知久平は中島飛行機を日本の巨大飛行機メーカーに発展させた。したがって中島知久平が現代日本人に言わんとすることは「夢を描け」、「野に出よ」、「その道を捨てよ」そして「頑固におのれの信じる道を進め」ということになる。

あとがき

筆者は群馬県にある小さな大学に職を得てから、中島飛行機について調べてきた。以来三〇年になろうとする間に、一冊の本を書いた。それにひきつづく本書を加えた、この二点セットによりほぼ課題を達成したと考えている。私も五〇歳台半ばになり、ようやく大きな山をこえた。

われわれの足下には磨けば光る石があるが、往々にして光っているものに眼をうばわれ、「磨けば光る石」の存在に気がつかないものである。第二次世界大戦中にイギリスの航空機エンジンメーカーであるロールス・ロイス社が開発した名エンジン「マーリン」は中島飛行機が開発した「誉」に性能面ではるかに及ばない。しかし「誉」は性能を発揮することなく終わり、逆に日本は「マーリン」を搭載したアメリカの戦闘機「ムスタング」にこてんぱんにやられた。「誉」が性能を発揮できなかったのは四囲の環境が悪かったからだが、驚異の開発の理由は謎といえる。こういうことは意外と知られていない。それらがはたして「光る石」かどうかは、読者の判断に委ねたいが、今後も「磨けば光る石」を探し調べていきたい。

最初の一冊を書いた時には研究室の窓から赤城山が目の前にあった。本書の七、八割は赤城山を目にして書いたが、「あとがき」は生駒山を眺めながら書いている。「赤城」と「生駒」ともに日本海軍の歴史を飾った艦船である。群馬と別かれることになったが、中島知久平が私を放してくれない。「巨人」たる所以《ゆえん》であろうか。

本書を書くには多くの出会いがあった。

荒木毅（富士重工業群馬製作所）、五十嵐信夫（中島記念図書館）、上村竹治、君島幹雄（ゼミ卒業生）、正田公威、正田雅造（正田クリエーティブ）、中里吉伸（中島記念図書館）、中島綾子、中島源太郎、中島章江、柳原重之（富士重工業群馬製作所）、山下智子、関東学園大学の職場の同僚と図書館職員のみなさんである。

これらの人々のなかには故人がいる。皆さんに感謝し本書を捧げたい。一人でも欠いては本書はなかったといっていい。正田クリエーティブ社長は「富嶽」のプラモデルを利根川河川敷で飛ばした。彼の会社はその延長線上にあり、「富嶽」を縁にした「金の卵」が孵化しようとしている。彼は「知久平さん」に感謝しているし、そういう人はほかにもたくさんいる。中島飛行機と中島知久平が遺した物は大きい。本書が現代を生きる人々に何らかの力になれば望外の喜びである。

なお日本経済評論社の栗原哲也社長には出版を快諾していただき、谷口京延氏には繁雑な編集の労をわずらわした。深く謝意を表したい。

【著者略歴】

高橋泰隆（たかはし・やすたか）

1946年　埼玉県生まれ

早稲田大学商学部卒業，同大学院修了，商学博士

大阪産業大学教授

[主な業績]

『中島飛行機の研究』日本経済評論社，1988年

『日本植民地鉄道史論』日本経済評論社，1994年

『昭和戦前期の農村と満州移民』吉川弘文館，1997年

『日本自動車企業のグローバル経営』日本経済評論社，1997年

中島知久平——軍人，飛行機王，大臣の三つの人生を生きた男——

2003年6月1日　第1刷発行　　定価（本体2200円＋税）

著者　高　橋　泰　隆

発行者　栗　原　哲　也

発行所　株式会社 日本経済評論社

〒101-0051　東京都千代田区神田神保町3-2

電話 03-3230-1661　FAX 03-3265-2993

E-mail: nikkeihy@js7. so-net. ne. jp

URL : http : //www. nikkeihyo. co. jp

文昇堂印刷・美行製本

装幀＊渡辺美知子

乱丁落丁はお取替えいたします。　Printed in Japan

ISBN4-8188-1499-7